認知症とともにあたりまえに生きていく

支援する、されるという立場を超えた9人の実践

編著
矢吹知之
丹野智文
石原哲郎
著
藤田和子
大塚智丈
鬼頭史樹
猿渡進平
前田隆行
六車由実

中央法規

はじめに

なぜ、この本を企画したのか

本書は、認知症の本人や家族そして先駆者から学び、自分の意志で活動する9人が執筆しました。認知症の本人および、これまでの〝認知症ケア〟の常識に、違和感を覚え、気づきと自己批判を経て、新たな実践を始めている私たちがいま、何を考え、どのように行動し、何を変えようとしているのか、それぞれのエピソードを交えて執筆しています。

ここで紹介する9人の実践を読んで、「私たちと同じことをしてほしい」と呼びかけているわけではありません。いちばん伝えたかったことは、「認知症ケア」にかかわるなかで、だれでも多くの「大変なこと」があるけれど、「ありのままの自分」が抱く違和感や疑問、怒りや葛藤など、あらゆる感情と正直に向き合ってほしいということです。そして、その思いを実現するために、実践へのはじめの一歩を踏み出してほしいのです。本書はそのために企画しました。

「できる」「できない」の二元論を超えて

本書は、丹野智文さん、藤田和子さんという認知症である本人の語りと向き合うことからスタートします。

丹野さんは、認知症の人に対して「認知症らしさを探していないか?」「認知症でもできることを探していないか?」と私たちに問うています。そして「認知症だからできること」を、身をもって教えてくれています。また、藤田さんは、「絶望」と「希望」について「〃絶望〃があるから〃希望〃があるわけではない。認知症と診断されると、だれもが〃絶望〃を感じると思わないでほしい」と教えてくれました。

これらの言葉は、認知症の本人が語ることに意味があり、価値があるのだと思います。認知症の人に対して、「できること」と「できないこと」を線引きしたり、「希望」と「絶望」という対比をしたりすることは、「できる側」あるいは「希望をもって生きている側」から見た価値観であり、偏った見方なのではないかと問いかけてくれます。本当は、その当事者である、認知症の本人の言葉から考えるべきことなのです。

本書の「Ⅰ」(第1章・第2章)は、そのスタート地点です。認知症の本人の視点や立ち位置から周囲を見つめ直してみると、これまでとは違った光景が広がってくると思います。

私たちにしかできない実践

本書の「Ⅱ」と「Ⅲ」では、日々の活動のなかで違和感や疑問、葛藤を抱いたときに、何をすればよいのか、どのように考えたらよいのかなど、新たな活動を行うための大切な考え方とはじめの一歩の踏み出し方を、それぞれの執筆者の実践を追体験しながら理解することができます。

「Ⅱ」（第3章・第4章）では、最も「初期」に出会うことの多い医師の立場から、診断直後の認知症の人の姿が、まるで目の前に本人がいるかのように、ていねいに描かれています。認知症と診断された人に、これからも続く暮らしの道筋を照らすための専門職の姿勢や具体的な声のかけ方、かかわり方を学ぶことができます。

「Ⅲ」（第5章〜第8章）では、これまでの認知症ケアの枠組みや考え方を超えて認知症の人と向き合い、話し合いを重ね、ともに葛藤するなかから生まれた実践の数々を紹介しています。これらは、先駆者が切り開いた認知症ケアを否定するものではなく、「ケア」や「支援」という前に、あたりまえにある「人と人とのかかわり」から生まれた実践です。どの実践からも、「支援する側」と「支援される側」といった固定した境界はなく、それぞれのなかに両者が共存している状態を感じ取ることができます。

終章では、教育や研究の場面で抱いてきた執筆者自身の違和感や反省から、これまでの定型的な認知症の学び方について問うています。だれかの一言や、一過性の教育だけで、認知症を取り巻く偏見を払拭することはむずかしいものです。だからこそ、日常のなかに、とても身近なところに、認知症と向き合い、認知症について学び、考える「認知症カフェ」という場と時間があることが大切なのだと思います。そんな場所が身近にあれば、いつの間にかしみこむように地域社会が変わっていくのではないかと考えています。

本書で紹介した取り組みやエピソードは、決して「特殊な事例」ではありません。認知症と診断されてもあたりまえに生きるための、あたりまえの取り組みです。しかし、そのあたりまえのことを実現しようとすると、現時点では、さまざまなハードルが現れます。そこで、本書を通じて、認知症の本人の声や想いを聴き、活躍の場をつくったり、願いをかなえたりするための専門職のあり方、人や地域との連携の方法などのヒントを得ていただきたいと考えています。

はじめの一歩を踏み出すきっかけとして

9人の執筆者の言葉を拾い集めてみると、形はふぞろいのようですが、いずれも同じ方向を向き、同じ熱量を帯びて、それぞれの想いが調和していることがわかります。その想いを感じてみてください。そして本書を持って、ご自身の現場に向かい、そして行動に移してみてください。

本書を手に取ってくださったみなさんの焦りや怒り、気づきや反省から始まるその行動が、認知症に対する偏見を払拭し、いつかまわりの人の心を突き動かす力になると信じています。感情は人を動かします。感情から動かされた私たちからみなさんへ、この本を届けたいと思います。

2021年5月

編著者を代表して

矢吹　知之

目次

Ⅲ　認知症の人とともに暮らしをつくる　―福祉専門職として

Ⅰ

認知症とともに生きる
―本人の声を聴く

第1章

「認知症でもできること」から「認知症だからできること」へ

丹野智文（たんの・ともふみ）

1974年、宮城県生まれ。39歳のときに若年性アルツハイマー病と診断される。仙台市内の「ネッツトヨタ仙台」に所属しながら、認知症に対する理解を社会に届ける活動や認知症の診断直後からのピアサポートの仕組みづくりなどを行っている。認知症当事者の相談窓口「おれんじドア」代表。著書に『丹野智文　笑顔で生きる――認知症とともに』（文藝春秋、2017年）がある。

1

私が活動する理由

私は大学卒業後にネッツトヨタ仙台に就職し、トヨタと販売提携をしていたフォルクスワーゲンで営業の仕事をしてきました。営業職でトップセールスマンとして働いていた39歳のときにアルツハイマー型認知症の診断を受けました。診断後は、会社の理解のもと、総務人財開発グループで事務の仕事をしています。現在もネッツトヨタ仙台に所属しながら、認知症に対する理解を社会に届ける活動や認知症の診断直後から当事者同士が出会うことができる仕組みづくりをしています。

これまで、多くの講演や取材などを受けてきました。また、当事者が笑顔になるように、さまざまな活動に取り組んでいます。まわりの人たちからは、「社会を変えるためによくがんばっている」と言われますが、私は社会を変えようなどと思ったことはなく、頼まれたからやっているだけなので、「社会を変えるためにがんばっているね」と言われると不思議に思うことがあります。営業職として働いていたころから「頼まれたことや誘われたことはなるべく断らない」という思いでやってきたことがよかったのかもしれません。認知症になってからも、この点は変わらず、頼まれたことをやってきた結果、多くの人たちと出会い、友だちや仲間ができました。営業職として働いていたので、そもそも人と出会うのが好きなのです。

不安をもった当事者が、私と出会うことで笑顔になり、前向きになる姿を見ると楽しくて自分から会いに行ったりもしています。もちろん疲れることもありますが、楽しいことをしているのでつらいと思ったことはありません。そして「当事者が変わる」「前向きになる」という成功体験を重ねていった結果、活躍する当事者が増えてきています。「丹野さんと出会って、元気をもらった」と言ってくれる当事者がたくさんいます。当初は、大勢の前で講演をしたり、ひとりでさまざまな行動をしたりする私の姿を見て、多くの人が私のことを「特別な存在」だと言いました。しかし、同じように活動する当事者の仲間が増えてくると、私が特別な存在ではないことを、まわりの人たちも理解してくれるようになりました。つまり、まわりの人たちの当事者への見方やかかわり方が変わってきて、結果として社会が徐々に変わっていくということなのだと思います。社会が変わるということは、私にとっては結果論なのです。私から元気をもらったという当事者が、次は自分の身近で不安をもった当事者を笑顔にしてくれたらうれしいです。

「おれんじドア」など、さまざまな活動する場をつくってきましたが、これは当事者が中心となって、仲間と一緒につくり上げてきたものです。支援者が用意したものに当事者が組み込まれたわけではなく、支援者はいつも「応援」や「サポート」に徹してくれています。だから当事者が楽しく自分の役割として活動できるのです。活動することで多くの人との出会いがあり、楽しいから現在も活動し続けているのだと実感しています。

2 認知症を取り巻く現状

1 奪われる自立

「認知症になると何もわからなくなってしまう」という間違った認識をもつ人が多いために、認知症と診断された人は、「守られなければならない存在」となり、自身の主体的な行動は奪われてしまいます。例えば、「道に迷うかもしれないからひとりで出かけないで」と外出を制限されたり、「財布をなくすから持たないで」と、お金を使うことを制限されたりと、自由に行動する権利を奪われることがあります。これまで、ひとりで出かけて、買い物をしてきたのに、認知症と診断されると、家族は「認知症だから何もできない」と思いこみ、まわりの目を気にして「何かあったらどうするの」と心配し、ひとりで出かけたり、買い物をしたりすることを制限するようになってしまうのです。

このような対応は、当事者の気持ちを落ちこませます。ひとりで出かけたい、買い物をしたいと思っていても「認知症になって申し訳ない」という気持ちがあるため、自分で何かをすることをあきらめてしまいます。その結果、当事者は自立を奪われてしまうのです。

2 社会との関係が絶たれる環境

認知症と診断されると、仕事をやめざるを得なくなることがあります。

「認知症になったら何もできなくなる」という間違った理解や周囲を察する文化により、本人も「自分がいないほうが会社のためなのではないか」と思ってしまい、当事者自ら退職をしてしまうのです。また、家族からもいろいろなことが「できなくなった」と言われると、「まわりの人に迷惑をかけてしまうのではないか」と不安になってしまいます。

仕事ができなくなるということは、社会とのつながりが絶たれてしまうことであり、外出することも、人と交わることも少なくなります。当事者は、認知症になってしまったことで生じる「環境」や周囲の見方の変化により、仕事ができなくなったり、外に出ることが少なくなったりすることで元気がなくなってしまいます。元気がなくなると、自分で決めることをあきらめてしまい、結果的に「何もできなくなってしまう」という悪循環に陥るのです。

3 診断直後の孤立

診断直後に相談に結びつかないことで孤立してしまうことがあります。これまで認知症の診断後に、当事者が相談する場所はありませんでした。したがって、支援者に出会うのは、認知症の症状が悪化してからということがほとんどです。認知症への間違った理解や社会の偏見が原因で仕事をやめてしまい、社会との関係も絶たれ、ひきこもることで、認知症は重度化してしまいます。このことは、若年発症の認知症でも、高齢発症の認知症でも同じです。診断直後に、当事者と理解のある支援者との出会いがないので、先が見えなくなってしまいます。

診断直後に「よい支援者」との出会いがあれば、落ち着いて過ごすことができます。反対にだれともつながらずに家族との関係性も悪くなる環境では、先が見えず、不安で、うつなどのほかの病気になってしまうことがあります。

認知症の進行には「よき理解者とのつながり」の有無が大きな影響を及ぼすと感じています。家族や支援者との関係性が悪い環境では、すべてをあきらめてしまい、進行に悪影響を及ぼします。病気が進行していっても環境がよければ、穏やかに暮らしていくことができます。

3 不安をもった認知症当事者が笑顔になる活動

1 活動のきっかけ

私自身も認知症の診断を受けた後は、不安と孤独から毎日、泣いていました。泣きたくて泣いていたわけではなく、不安と恐怖でひとりになると自然と涙が出てくるのです。

私は不安だったとき、最初にどこに何を聞いたらよいのかわかりませんでした。メディアでは、「初期でも徘徊する」「暴れる」などの情報ばかりが流れていました。そのときのことをふり返ると、間違った情報が本人や家族を不安や恐怖に陥れ、うつなどの状態にしてしまうのだと感じます。その後、私は「このままでは、認知症の診断を受けた人や、記憶に不安があり悩んでいる当事者が落ちこんでしまうのではないだろうか?」「私のように不安で毎日、涙を流すような時期をなくすことができないだろうか?」と考えるようになりました。それは、私だけではなく、どの当事者に聞いても診断直後はとてもつらい時期を過ごしていることがわかったからです。

不安でいっぱいだったときに、私よりも先に「つらい時期」や「不安」を乗り越えたある当事者との出会いがありました。笑顔で元気に、前向きに生きる当事者と出会ったことがきっかけで、私は前を向いて生きていくことができるようになりました。

その人に出会うまでは、周囲の人から「がんばりなさい、大丈夫だよ」と言われても反発するだけで前向きになることはありませんでした。しかし、その人は、自分の病気のことをまわりの人に話し、理解してもらえるようにしていました。ほかの当事者や家族に、笑顔で明るく接しており、行動力があって人にやさしくしている姿を見て、「なぜ自分はこんなに落ちこんでいるのだろう。自分のほうが若いのに負けた……」「私も彼のように生きたい」と思ったのです。そこから「笑顔でいよう。人のために、何か行動できないか」と考えるようになりました。つまり、この当事者との出会いが私を変えたのです。

ある講演会からの帰りの車の中で、いずみの杜診療所の山崎英樹先生から「どうして笑顔でいられるようになったの？」と聞かれたとき、前向きに生きる当事者との出会いがきっかけだったという話をしたら、「それは大切なことだから、それをほかの人に伝えよう」と言ってくれました。私はそのとき「みんなが一緒にかかわってくれるならできるかな」と思いました。

そして、２０１５年から、当事者が不安をもった別の当事者の話を聞く活動、地域で当事者同士が出会える場、当事者のためのもの忘れの相談窓口として「おれんじドア」を始めました。

2 おれんじドア

「おれんじドア」は、全国で展開されているような「認知症カフェ」や「認知症の人の居場所」とは異なります。当事者の不安な気持ちを軽くし、明るい未来に向けて、人生の再構築をするための「ドア（入口）」となる場所です。トントントンとドアをたたいて一歩を踏み出してもらうためのドアなのです。扉を開けるとそこに、笑顔の当事者が待っています。

私が元気な当事者に出会うことで前向きに変われたように、ほかの当事者にも変わってもらえるようなきっかけになればよいと考え、「おれんじドア」を始めました。それまでは、家族が相談をする場所はありましたが、認知症の当事者が相談できる場所がありませんでした。また、当事者が診断直後にほかの当事者と出会う機会もありませんでした。当事者同士が話をすることはできないだろうと思われていたからです。

「おれんじドア」は、支援者がつくったものに私が入ったのではなく、私と認知症の人にかかわる人たちとが、一緒につくり上げてきたので、「当事者が中心の相談窓口」が実現しました。

ここで大切なのは当事者と一緒に考え、つくり上げていくということです。最初の話し合いの場では、当事者をどのように集めるか、場所や資金をどうするかという話ばかりでした。失敗しないように「形」をつくってから進もうとみんなが考えていました。私は何の知識もなかったので、場所だけ決まれば、やりながら話し合い、考えればよいと思っていました。不安をもった当事者が来る場所なのだから、できるだけ安心して来ることができる環境をつくりたいと考えていました。

❶ 当事者にとって「安心」な環境

では、どのような環境が安心なのでしょうか。それは、「自分の情報を絶対に知られたくない」という思いに配慮してもらえる環境です。認知症の人たちが集まる場に行くと、まず、住所や名前を書くように言われるのが私はいやでした。おれんじドアでも「アンケートを取ろう」という話になり、実際にアンケートをつくるところまでいきました。私は、絶対にいやだと思ったので、みんなと話し合い、アンケートはやめることになりました。アンケートがないことは、いまでも当事者が安心して参加できる理由の一つになっています。

私は、「おれんじドア」に来た人たちのことを、全員ではありませんが、次のときにはほとんど忘れてしまいます。相手は覚えていてくれますが、私は正直に「忘れたのでわからない」と伝えるようにしています。私が忘れたことを隠さないことで、ほかの当事者も「忘れても怒られない場なのだ」と感じることができます。

「おれんじドア」では、写真を撮ったり、取材を受けたりすることはありません。写真を撮られると、安心して来られる場所にならないからです。当事者が「来たい」と思い、参加できる場になると、自ら進んでひとりで来るようになります。当事者が私ひとりという状況で始めた「おれんじドア」は、いまでは当事者の実行委員が5名になりました。昨年は講演活動が忙しくて、私は「お

表1-1　当事者同士の話し合いでの留意点

①座る位置	・不安をもった当事者は、家族が視界に入るだけで、気になってしまい、本音で話をしなくなるため、家族に背を向けるような席に誘導する。 ・言葉が出にくい人や話をするのが難しそうだと思った当事者は、私の右側に座ってもらう。
②話す順番	・私が話をしたら、次は、私の左側の当事者に話をしてもらう。話ができそうな当事者に私の左側に座ってもらうことで、その人から話を始めることができる。 ・不安をもった当事者は、話ができる当事者の話を「それは私と同じだ…」「それは私とは違うな…」などと考えながら聞くことで、自分自身の言葉につながっていく。
③病名と氏名	・病名から症状を想像して、その人を偏った見方でみてしまう可能性があるため、病名は聞かない。 ・氏名は、私がその人を呼びたいから聞くだけなので、仮名でもニックネームでもよい。

れんじドア」には、数回しか参加していません。私が参加しなくても、ほかの当事者が開催してくれるので任せています。私がずっとかかわり続けることが大切なのではなく、ほかの当事者もできるようになり、自信につながることが大切だと考えています。

❷「おれんじドア」での話し合い

「おれんじドア」では、最初に、当事者、家族、支援者が全員で輪になり、私がいままでの経験や家族に伝えたいことを話し、その後、当事者同士で話をします。このとき、表1―1の点に気をつけています。

当事者同士の話し合いでは、最初に自己紹介をして、「これから何をしたいか」を聞くようにしています。何をしたいのかが、すぐに思いつかない人も、ほかの人の話を聞いているうちに思いつくこともあります。だれかが「山登りをしたい」と言うのを聞いて、自分もしたいと思えば「私も同じだ……」という発言につながり、「一緒に登れるように考えましょう」という展開になります。それを一緒に実現できるように考えるのが支援者の役目です。

自己紹介とやりたいことを聞いたら、緊張をほぐすために、必ずお茶やお菓子を勧めます。このときは、「私が飲みたいから飲もう」「お菓子を食べたいから食べよう」と誘っています。みんなで食べることで、一気にその場の雰囲気がやわらかくなるので、あえて飲んだり、食べたりするようにしています。そのころには、不安をもった当事者にも、かすかに笑顔が出てくるようになり、その後の話が盛り上がります。

そして、緊張がほぐれたら「工夫していること」などを聞くようにしています。工夫をするのは、困っているからであり、「工夫していること」を聞くことで、その人の困っていることがみえてきます。最初から「困っていることは何ですか」と聞いても、何も出てきません。

3 家族や支援者の参加

「おれんじドア」を始めた当初、私は当事者の相談場所としか考えていなかったので、家族のことは気にとめていませんでした。しかし、「家族も大変だから」と参加している支援者が気遣い、最終的には支援者と家族での話し合いができるようになりました。

また、支援者については、当初はどのように話し合いをしたらよいのか不安があったので、当事者の話し合いに数名の支援者に参加してもらいました。「何かあったときにサポートしてもらえたら」と思っていたのですが、当事者が話を始めるのに1テンポか2テンポ遅れて沈黙になるだけで、支援者は「こう思うよね」と助けようとしたのです。当事者が話を始めるまでのたった数秒が待てないのです。それでは誘導尋問になってしまい、自分の気持ちを伝えられないので、支援者に、当事者の話し合いに入ってもらうことはやめました。

❹ 当事者中心のふり返りの時間

当事者だけで1時間近く話をしたら、もう一度、全員で集まってふり返りをします。このとき、話の内容を詳しく伝えることはしません。私が、「当事者は〇〇をやりたいと思っているのでやりましょう」と提案するだけです。

家族の話については、支援者が報告し、全体で話をするときに家族は話をしないようにしています。家族に話をしてもらうと、当事者がとなりにいるのに、困りごとの話をすることがあるからです。そうすると、安心して参加できる場所ではなくなってしまいます。私は当事者の目線で、当事者がどのように思い、どうしたら前向きに、笑顔になれるかを常に考えています。

❺ 当事者の笑顔

認知症になっても笑顔で過ごせることを、多くの人に知ってもらいたいので、私は「おれんじドア」でも、講演でも常に笑顔で話をしようと思っています。しかし、笑顔で普通に話をしていると「認知症らしくない」と言われることもあります。では、「認知症らしいとはどういうことなのか」

と考えると、やはり重度の認知症の人のイメージがあるのだろうと思います。

認知症の初期に病院に行く人が少ないので、多くの人が「診断直後や初期の状態がある」ということに気づいていません。認知症は、重度になる前に必ず、初期の状態があり、進行する過程があります。初期の状態では、不安や恐怖からうつの状態になってしまう人もいます。

私も最初から笑顔でいられたわけではありません。毎晩、涙を流していた時期に、仲間から「つくり笑いでもいいから笑っているといいよ。そうすると本当の笑顔が出てくるようになるから」と教えてもらいました。それを実行していると、少しずつ笑顔が出るようになり、いまでは本当に笑顔でいられることが多くなりました。笑顔でいると人とつながることができます。

笑顔のない当事者ばかりに出会ってきた人のなかには、私を「特別な人」という人もいますが、そんなことはありません。多くの当事者が、「おれんじドア」で別の元気な当事者に出会うことで、私と同じように笑顔に、前向きになっています。

3 診療所内でのピアサポート

「おれんじドア」を始めて5年くらいたったころ、支援者から「ここに出て来られる人はいいよね」と言われ、まだまだ家にひきこもって出てこられない人がいるということに気づきました。そして、そのような人たちと、早期につながることができないかと考えました。そこで、「家にひきこもっていても病院には行くはずだから、病院や診療所で出会えないか」と考え、診察の後に、別室で元気な当事者と不安をもった当事者が出会える仕組みをつくりました。病院や診療所では、診察後に必ず出会うことができます。また、早期に出会うことができるので、ひきこもりの防止にもなります。診療所でのピアサポートは、「出張おれんじドア」のような取り組みで、やっていることは「おれんじドア」と同じです。

ピアサポートは当事者の話を聞き出すカウンセリングのような場ではなく、自分の経験を伝える場です。診療所の協力により、診察後だけではなく、診察前の待ち時間にも当事者と出会えるようになりました。診察の順番が近づくと呼びに来てもらえるので安心して話ができます。また、診察前に話をすることで、医師に自分の気持ちをきちんと伝えられるようになるので、医師が診察しやすくなるという効果もありました。

ピアサポートの場なので当事者を中心に話をしています。当事者に話をしているのに、家族が割り込んで話を始めるときは、「当事者に聞いているので黙っていてもらえませんか」と伝えます。それでも話をする家族には、当事者とふたりだけで話をさせてもらうようにしています。当事者は勘違いをして、事実と違うことを言ってもよいのです。ピアサポートの目的は、当事者の話を聞くことではなく、私の話を聞いて共感してもらい考えてもらうことだからです。

病院や診療所内で話を聞くことは、一度、ピアサポートに参加した人が「また話を聞きたい」と思えば、次回の診察の予約をピアサポートがある日に入れることで、定期的に会うことができるというメリットもあります。

このピアサポートの活動も私がひとりで行っているのではなく、数名の当事者が担当しています。「おれんじドア」の実行委員とは別の人たちです。ピアサポートの活動をしている当事者は、自分の話をすることで、不安をもった人が前向きになるのを感じ、「自分もさらに気持ちが前向きになる」と言っています。ピアサポートを行っている当事者にもメリットがあるのです。

「おれんじドア」でも病院や診療所でのピアサポートでも、40歳代から90歳代までと幅広い年齢層の相手と話をします。ピアサポートは、当事者だからこそできる仕事です。

4 運転免許を考える集い

診療所では、「運転免許を考える集い」も行っています。家族から、「危ないから運転はしないでほしい、免許を返納してほしい」とどんなにお願いされても当事者は納得しません。納得しないまま、無理やり返納させられた人は、「免許証を奪われた」と言います。「運転免許を考える集い」では、運転免許証を返納した当事者と返納したくない当事者が話をします。自ら返納した当事者は、運転をやめたときのつらさや現在の気持ちなど、運転免許証返納のメリットとデメリットを伝えます。例えば、運転免許証を返納し、自分で運転できなくなると「移動の範囲が狭くなった」「バスの本数がなくて大変」などのデメリットがあることを伝えます。また、一方で、「事故がないと思うと気が楽になった」「車の維持費を考えたらタクシー代のほうが安い」など、メリットも伝えることで、運転について当事者自身が考えるようになります。

1〜2回の話し合いでは、運転免許証を返納することに納得しません。3〜4回参加し、話をしていると自分から「運転をやめる」と言う人が多いです。なかには「車は運転しないけれど運転免許証は持ち続けたい」と言う人もいて、「それでもよい」と話しています。自分で運転をやめることを決めた当事者は、その後、運転して家族を心配させたり、「奪われた」と言ったりもしません。運転免許証の更新時期になると、自ら「運転経歴証」に変更します。運転免許証を返納することを受け入れるのを「待ってあげる」ことで、自ら返納する気持ちになるのです。この集いでは、無理に説得したり、返納を勧めたりするのではなく、「自分で決めること」を応援しています。同じ境遇の者同士で話をすることで共感が生まれ、自分で考え、自ら運転をやめるようになります。

5 リカバリーカレッジ

リカバリーカレッジは、認知症の当事者が勉強をして話し合い、支援者と対等な立場で意見を交換する場です。さまざまなテーマで話し合い、勉強をしています。例えば、「権利」「身体拘束」などについて勉強することがありました。昔の施設や病院での身体拘束やつなぎ服の映像を観て、当事者同士で考えるのです。これまで、当事者が身体拘束をしている現場の映像を観るなどということはなかったと思います。この映像を観て、当事者自身が人権について考えるようになり、「障害者権利条約（障害者の権利に関する条約）のパラレルレポートに意見を伝えよう」と、みんなで話をするようになりました。

新型コロナウイルス感染症についても話し合いをしました。クラスターが発生して介護崩壊した現場の映像を観て、自分が新型コロナウイルスに感染したらどうするのか、家族が感染したらどうするのか、自分事として考えました。このとき、新型コロナウイルス感染症だけではなく、ほかの病気でも入院する必要があるときには、「説明を必ず自分にしてほしい」と全員が言いました。認知症の人は多くの場合、「なぜ、入院しなければならないのか」「どのような治療をするのか」「いつまで入院するのか」などの説明もなく入院させられてしまいます。入院の理由がわからなければ、だれでも不安になり、恐怖を感じます。「認知症だから何もわからない。だから家族にだけ説明すれば大丈夫」などと思わないでほしいのです。

リカバリーカレッジは仙台市内で開催することが多いのですが、大半の当事者は、ひとりで会場に来ます。道に迷うこともありますが、どのようにしてここまでたどり着いたのかをみんなで共有し、次回の参考や迷ったときの備えとしています。道に迷うと、多くの場合は人に聞きます。「どのような人に聞いたのか」「おじさんよりも学生のほうがきちんと教えてくれた」など、みんなで話し合うことが大切で、「冒険みたいで面白い」と言う人もいます。自宅まで迎えに行ったり、家族が会場に連れてきたりしないことで、みんなが考え、会場にひとりで来るだけでも成功経験になっています。そして、ひとりで来ていない当事者も、その話を聞いて挑戦してみようと思うのです。

4 認知症の理解を社会に届ける活動

1 政策の提案

私は、自分自身のアルツハイマー病を理解し、認知症という状態を受け入れ、認知症とともに生きるという選択をしたことで、会社の理解を得ることができました。

ネッツトヨタ仙台では、私が働き続けているので、ほかの社員にとっては、もしも自分が病気になったとしても、働きたいという意思があれば働き続けることができるという安心感につながっています。そして、会社の理解はさらに進み、いまは、ネッツトヨタ仙台に所属しながら「認知症の普及啓発」を仕事としています。仕事の内容は、日本全国で講演活動をしたり、厚生労働省の政策委員として認知症関連の法律等の策定時に意見を述べたりしています。また、宮城県や仙台市の認知症対策推進会議の委員として政策提案を行っています。

このような活動は、認知症を取り巻く環境や地域社会に働きかけること、政策提案をすることにより、認知症に関する理解を深め、社会の仕組みを改善していくために行っています。

2 講演活動

ピアサポートを行っていくうちに元気になってくる当事者がたくさんいます。そして、ほかの当事者と話をしていくと、診断されたときの気持ち、運転免許証を返納したときの気持ちなど、自分が伝えたいと思うことが次々に出てきます。講演ではそれを話しています。

当事者が講演をするときの原稿は、本人の話を聞きながら一緒につくり上げていきます。この作業は当事者同士で行うこともあれば、支援者と一緒に行うこともあります。ここで注意しなければならないのは、当事者に話を聞くときに「こう思うよね」など誘導尋問にならないようにすることです。そして、でき上がった原稿を何度も読んで、本人に間違いがないかを確認します。講演をするために原稿をつくるのではなく、当事者が自分の気持ちを整理するためにつくります。そうすることで、本当の気持ちや経験をみんなの前で話せるようになるのです。

宮城県では、県や市の研修会で当事者の話を聞くことが、あたりまえになりました。ひとりでは心細いこともあり、常に2～3名の当事者で話をすることにしていますが、そのほうが話も膨らみますし、気軽に話ができると思います。この活動もほかの当事者がやっているので、私は応援するだけです。86歳の高齢者も講演をしています。若いから話ができるというわけではないので、当事者がやりたいと思えるように応援することが大切だと思っています。これまでは「丹野さんだからできるのではないか」と言われてきましたが、私がサポート役に回ることで、本人の自信となり、話せる人が増えてきました。

当事者は、それぞれ自分のできること、やりたいことをします。講演したい人は講演をしますし、人前で話すことが苦手な人は、講演はしなくてもよいのです。人と交わることが得意な人には、ピアサポートをしてもらいます。講演もピアサポートもしたくないけれど、勉強会には参加したいとリカバリーカレッジにのみ参加する当事者もいます。みんな「自分のしたいことができる」ことで安心して参加してくれるのです。だから仙台市では多くの当事者が役割をもって活動しているのだと思います。

これらは「認知症でもできること」ではなく、すべて「認知症だからこそできること」です。福祉関係者をはじめ、多くの人に当事者の気持ちなどを知ってもらう大きな役割を担っています。

5

当事者だから気づいたこと、伝えたいこと

1 「やさしさ」って何だろう？

たくさんの当事者と出会い、話をしているうちに、「やさしさって何だろう？」と考えるようになりました。

私は道に迷いながらもひとりで行動することの大切さを多くの当事者から学びましたが、支援者や家族は、当事者が困らないように先回りし、リスクを回避したり、道に迷うからと常に送り迎えをしたりします。それが、「やさしさ」だと考えているのだと思います。

しかし、その「やさしさ」によって、当事者は気持ちが落ちこんでしまいます。認知症の診断を受けた後、将来がみえなくなり、不安と恐怖から目の前が真っ暗になってしまいます。それだけでも大変なのに、まわりの人たちの「やさしさ」によって、さらに絶望してしまいます。

「なぜ、まわりの人たちがやさしくしているのに、気持ちが落ちこむのだろう？」とみなさんは思うかもしれません。私が出会ってきた当事者のなかには、診断直後から、家族に「ひとりで出か

けるのを禁止された」「財布を取り上げられた」と言う人がたくさんいました。「運転免許証を奪われた」「すべてを奪われた」と言う人もいました。家族は、当事者のことが心配なのだとは思いますが、自分がされたらいやな「管理による制限」をあたりまえのようにしてしまいます。それは「認知症だから道に迷ってしまう」「認知症だから物を失くしてしまう」というような、「心配からくるやさしさ」なのですが、当事者にとってみれば、「心配からくる生活の支配」ということになるのです。認知症と診断されただけで「何も自分で決められない生活」が始まるのです。

2 認知症の診断によって変わる環境

さらに、何とか進行を遅らせたいという家族の「やさしさ」から、脳力トレーニングやドリル、100から7引いて歩こうなどの「認知症予防に効果がある」とされることをやらされる当事者もいます。また、「サプリメント」や「食用オイル」「アロマ」などを次々に試すように言われたり、グルテンフリーがよいと聞けば小麦なども禁止されたりしてしまいます。さらにお酒もよくないと勝手に決めつけられ、禁止されてしまいます。

このような環境のなかで、当事者はますます笑顔を失っていきます。その結果、次第に元気もなくなり、家の中で過ごすことが増えます。そうなると、症状が進行したと思われて、「症状が改善するように」「人と交わったほうがよいから」と行きたくもないデイサービスを勧められます。

ある女性の当事者は、「化粧もしないで人前に出るのは恥ずかしい」と思っているのに、「人と交わったほうがよいから」と、無理やり外に連れ出されると言っていました。認知症になる前は、すっぴんで人前に出ることがなかった女性が、認知症になると化粧をさせてもらえず、すっぴんで外出させられるのです。それで「出かけるのはいやだ」と思うのはあたりまえではないでしょうか。怒って抵抗するのもあたりまえのことです。

しかし、その怒ったり、抵抗したりする行動が「認知症の症状」だと思われてしまいます。そして、「すぐに怒るようになった」「何もできなくなった」とレッテルを貼られて、何でも先回りされてしまいます。やりたいことも制限されてしまいます。この一連の流れが、認知症になると多くの当事者に起こることなのです。

認知症の症状はあるかもしれませんが、診断名がついただけで、「その人」自身は何も変わっていません。認知症と診断された次の日から、何かが変わるわけではありません。1週間後、1か月後も何も変わらないはずなのに、まわりの人たちが変わってしまい、これまで過ごしてきた自分の生活環境がすべて変わってしまうという経験をするのです。

「なぜ、認知症と診断されることで環境が変わってしまうのか?」ということを多くの当事者と一緒に考えてきました。多くの当事者は、まわりの人たちの「やさしさによる善意」に支配されています。

一人暮らしをしてきた人は「火の不始末が怖いので、一人暮らしはやめたほうがよい」と言われています。その人は「まわりから言われれば言われるほど、自分に自信がなくなってくる」と言っていました。まわりの人たちは、「心配している」と言いますが、それが本当にその人のためなのでしょうか。その人のためではなく、まわりの人たちが安心するための行動ではないでしょうか。家族や支援者の「善意」が当事者の生活を制限してしまい、当事者のできることまで奪ってしまうのです。

3 認知症の進行とは？

診断名を告げられ、「なぜ私がそんな病気になってしまったのか?」と疑問に思い、認知症に関する情報を調べると、介護の話や看取りの話ばかりで、みんな「気持ちが落ちこんだ」と言います。この気持ちが落ちこんだときに、よい支援者・よい環境にめぐり合うか、それともその人にとって悪い環境となっていくかで「認知症の進行」が違ってくるように思います。

本当に認知症が進行しているのか、うつになってしまったのか、当事者がすべてをあきらめてしまった結果なのかはわかりませんが、環境により明らかに違いが出てきます。確かに脳の病気の進行が早い人もいますが、私が出会ってきた当事者の多くは、環境が悪いためにうつ状態になっていました。なぜそのように感じたかというと、私やほかの仲間と話をして、気持ちが前向きになり、自分のことを自分で決めて行動するようになった当事者は、活き活きと自分らしく過ごし続けているからです。確かに日々、症状は増えていきますが、工夫したり、まわりの人たちのサポートを受けたりすることで活き活きと暮らし続けています。

4 家族との共依存

不安そうな表情の当事者のとなりには、たいてい「何にでも手を出す家族」がいます。何をするにも家族がやってしまうので、本人は家族がいないと何もできなくなってしまいます。そうなると当事者は不安そうな顔をして、家族の行動を常に目で追って、家族についてまわります。それは認知症の症状ではなく、「依存」だと思います。当事者から依存されると家族も「私がいなければこの人は何もできない」と思うようになり、「共依存」の状態になります。

県外での当事者同士の話し合いのときに、「当事者と話をしたいので家族は離れていてもらえませんか？」と言うと、「認知症が進んでいるので、私がいないとだめなのです。10分も離れられません」と言う家族もいました。「大丈夫ですよ。ちょっとだけ話をさせてください」と言うと、「何が大丈夫だ」と怒鳴られたこともあります。しかし、10分も離れられないと言われた当事者が、2時間近く家族と離れて、私と話をするのです。きちんと話もするし、笑います。何も問題がないと感じます。

当事者同士で話をしていると、心配で途中で何度も見にくる家族もいます。家族も当事者に依存してしまっている状況です。共依存の状態も「やさしさ」だと思っているのだと思いますが、私には、当事者の力を奪ってしまっているとしか思えません。

早期診断、早期発見が大切だといわれていますが、今は、早期診断は早期絶望でしかないと感じます。同じようにもの忘れがある人がいても、診断名がついていなければ、もの忘れが増えてきたおじいちゃん、おばあちゃんとして、自由に過ごすことができるのに、認知症と診断されるとまわりの人たちの見方が急に変わり、「管理」と「制限」の対象となるのです。認知症と診断されても環境が変わらない社会を望みます。

5 当事者の意思決定

多くの場合、認知症当事者の生活は、本人の意思とは関係なく、家族と支援者のみで決められています。私自身が認知症と診断されてから感じたことは、与えられる情報が重度になってからのものばかりで、本人へのサポートや「自分で決める」という視点がないということです。

さまざまな活動を通して、多くの当事者と出会い、一緒に行動し、活動するようになりました。そのなかで、一緒に活動している仲間が急に施設に入所したり、精神科病院に入院したりすることがあります。そのようなとき、「なぜ、入所する必要があったのか?」「なぜ、入院する必要があったのか?」と感じます。一緒に活動しているときには、症状は確かにありましたが、本人の状況を理解し、適切なサポートがあれば、何の問題もありませんでした。そのような人でも、気がついたときには、施設や精神科病院に入れられているのです。

私は、施設や病院に入った仲間に会いに行きました。すると、認知症の症状が、よくなっているどころか、反対に悪化していました。表情も無表情で、すべてをあきらめているようでした。そして、みんな「ここから出たい、家に帰りたい」と話します。その理由は、入院するときに「いつまで入院しなければならないのか」「どのような理由で入院するのか」「どのような治療をするのか」などについて、本人には説明がないためです。

だれでも、何も説明されずに入所や入院が決まったら、怖くて不安になると思います。認知症の当事者は「忘れるから話をしても意味がない」と思われているのか、家族にだけ説明し、当事者にわかるような説明がない場合がほとんどです。なぜ、このようなことがふつうに起きているのか疑問です。

6 活動を通して考えたこと

1 診断直後のサポート体制

さまざまな活動を通して、私は、診断直後の当事者へのサポート体制が不十分であることに気づきました。家族への支援も、本人が重度になってからのものばかりです。だから家族は混乱してしまい、当事者の行動を制限してしまうのだと思います。

支援者には、診断直後から、継続的に家族へのサポートをしてほしいと思います。それは、家族の困りごとを解決することではありません。支援者が家族の困りごとを中心に聞いてしまうと、本人の困りごとは解決されません。家族の困りごとを解決しようとすると、「家族と離れる時間をつくる＝デイサービスを利用する」という対応になることもあります。あくまで、当事者の暮らしをよくすることが中心であってほしいと思います。診断直後からのサポート体制の不備により、家族はサポートではなく「介護」をしてしまい、「介護家族」と呼ばれてしまいます。介護が必要でない当事者の家族のことを「介護家族」と呼ぶので、いつの間にか当事者は介護されなければならない状況になってしまうのですが、これは明らかにおかしいと思います。

当事者はこれまで、家族や支援者の対応により「抑圧」されてきました。本人は認知症という病気になり、いままできることを一生懸命やっていこうとしているのに、できることを奪われ、あきらめさせられてきたという現実があるのです。

2 支援者の間違ったサポート

これからは、家族や支援者が認知症を理解することと併せて、認知症の人に対して、「人としていやなことはしない」という視点での理解が必要であると考えています。

夫婦の関係に意見をすると、「もともとの夫婦関係がある」と言われますが、認知症になる前と、その後の関係は明らかに変わっています。認知症と診断されると、それまでのように家族と適度な距離感を保つことができず、いつも一緒にいることで共依存状態になってしまう家族がほとんどです。その状態を支援者が見て「仲のよいご夫婦で幸せですね」「がんばっていますね」と褒めています。家族も褒められるので、さらにがんばってしまい、疲弊してしまうのではないでしょうか。

「おれんじドア」では、不安により緊張した表情だった当事者も、私が話をすると、みんな話をしてくれます。そして、徐々に笑顔も出てきます。その姿を見ていると、まわりの人たちが「この人は話ができない」「笑顔になることはない」と決めつけているだけなのではないかと思います。

実際に、私と話をして笑っている姿を家族や付き添いの人が見て、「こんなに笑っている姿を見たことがない」と驚くことがあります。もちろん私に特別な力があって当事者を笑わせているのではなく、みんなふつうに笑います。そのことを当事者にかかわる人たちに知ってもらいたいです。

当事者のなかには、記憶力を改善しようとがんばっている人もいます。前の日に何を食べたか、何をしたかを思い出す練習をしている人もいました。私が「疲れない？」と聞くと「すごく疲れる」と言います。私も忘れたことを思い出そうとすると頭がとても疲れて調子が悪くなってしまいます。だから私は「思い出すことなんてしなくていいよ。前の日に何を食べたかなんて、どうでもいいことだ」と笑いながら話します。実際に、前の日に何を食べたのかを思い出せなくても困らないですし、もしも食べていなかったとしても、おなかが空けば、何か食べるので心配する必要もありません。それよりも、「なぜ憶えていられないのだろう」と落ちこむことのほうがよくありません。「無理に思い出すよりも、〝次は何を食べようかな〟とワクワクする楽しいことを考えたら？」と提案します。すると、「肩の荷が下りた。気持ちが楽になった」とみんな笑顔になります。

3 励ますよりも安心できる言葉を

「おれんじドア」に参加することで、驚くほど気持ちが前向きになる当事者もいます。また、ひとりでは来られないからと、支援者と一緒に来た人が、次のときにはひとりで来るようになったり、全く話すことができないのかなと思っていた人が、突然、自分の気持ちを話しはじめ、となりにいた人が驚いたりすることもあります。それは、人の話を聞いて、「それは私と同じだ」「それは私とは違う」と頭のなかで考え、共感することで言葉となった結果です。自ら「俺はしゃべれないから」と言っていた人も、ゆっくりですが話をしてくれて、最後には「今日はしゃべりすぎたな」と笑っています。

しかし、当事者同士で話をして笑顔になっても、家族の元に戻ると、下を向いてしまうことが多くあります。家族は「大丈夫だった？」「がんばろうね」と声をかけます。それは、「私がいなくて大丈夫だった？」「何も問題がなかった？」という心配からくる言葉だと思います。私たちは何も悪いことをしているわけではなく、ふつうに話をしているだけなので、「楽しそうだったね。また来ようね」と言ってもらえたら、当事者も下を向くことはなかったと思います。

「がんばりなさい」とよく励まされますが、すでに当事者はがんばっています。安心できる言葉をかけてくれたほうが嬉しいです。例えば、「私たちが覚えているから、忘れたら気軽に聞いてね」というようなポジティブな言葉をかけてくれたら、当事者も気持ちが楽になります。当事者には、まだまだやれることがたくさんあります。まわりの人がそれを信じて、当事者の行動や言葉を奪わないことで、気持ちが前向きになり、話をするようになるのです。

7 認知症の私だからできること

「おれんじドア」は当事者がつながる場所をつくりたいという思いで始めましたが、最近では家族も家族同士や支援者とつながったり、見学に来る地域包括支援センターの人たち同士がつながったりするなど、まわりの人がつながる場所にもなっています。全員が、「本人のできることを支える」ということを共通認識としてもって取り組むことで、人がつながります。また、本人の声をていねいに聞くという原点に立ち返ることで、認知症の人が声をあげることができるようになり、「自分のことは自分で決める」ようになります。その結果として、当事者が、やりたいことやできることをあきらめなくてもよい環境や社会になることを願っています。私が求めているのは、ひとりでも多くの当事者が笑顔になることです。

認知症の人だからこそ、伝えられることがあります。それは、薬の副作用や生活のしづらさ、社会の偏見など多岐にわたります。私たち当事者の話を聞くことで、少しずつ社会が変わってきたと感じています。認知症への理解が進むことで、私たち認知症の当事者が暮らしやすくなるということは「だれもが暮らしやすい社会になる」ということです。

また、認知症の人同士だから共感できることがあります。認知症とともに生きるには、「生活の

写真1-1　診療所でのピアサポートの様子

工夫」が必要です。認知症の症状は人それぞれですが、共通することもあります。生活上の工夫や、症状を共有することで、私たちは安心し、元気になれます。認知症の人が元気になり、笑顔になることで、家族の負担も減り、みんなが安心して暮らすことができます。私たちが安心して暮らすことで、社会から偏見が減っていきます。

これらのことは、すべて認知症になった私だからこそできることだと考えています。

第2章

認知症になっても暮らしやすい社会をつくる

藤田和子（ふじた・かずこ）

1961年、鳥取県生まれ。45歳のときに若年性アルツハイマー病と診断される。認知症の本人として、「おれんじドアとっとり」「本人ミーティング」や「公民館サロン」などを通して、認知症になっても暮らしやすい地域や社会をつくる活動を行っている。「一般社団法人日本認知症本人ワーキンググループ」代表理事。著書に『認知症になってもだいじょうぶ！──そんな社会を創っていこうよ』（メディア・ケアプラス、2017年）がある。

1 私が行動する理由

1 いまの私の活動

私は現在、59歳。アルツハイマー病の診断を受けてから14年が経過します。ただ、ふり返ってみると、30歳代のころから自分で置いたことを忘れたり、置いた場所を忘れたりなど、記憶の不確かさのために「いろいろと物がなくなる」という状況があったように思います。30歳代のころは、毎日、なくし物が続くわけではなかったので、病気に結びつけて考えることはありませんでしたが、自分がやったことをすっかり忘れていたり、なぜ物がそんなところにあるのか全くわからないという状況は、そのころからありました。

認知症の本人としての活動の基盤として、2007年から約13年間続けてきた「若年性認知症問題にとりくむ会・クローバー」は、2020年3月末に解散しました。でもそれは、私のなかでは過程の一つであり、現在は、クローバーの活動を通して生まれた新しい出会い、新しい関係性のなかで、「一般社団法人日本認知症本人ワーキンググループ」（ＪＤＷＧ）の代表理事としての活動や地元の鳥取市の「おれんじドアとっとり」「本人ミーティング」「認知症になっても自分らしい生き方を考えるサロン」(公民館サロン)の活動を中心に行っています。

これまでの活動を通して、よりたくさんの人、よりたくさんの本人ともつながり、私がめざす「認知症になっても暮らしやすい社会」をつくる活動につながってきていると実感しています。一つの会やひとりの人だけに頼るのではなく、状況に応じて変化することも大切だと感じながら前進しているところです。

2 なぜ行動できるのか

私は元々、人権活動に取り組んでいました。その経験がいまの活動に大きく影響していると感じています。子どものころは、とにかく人の後について、目立たないようにおとなしくしている子だったので、自分でもよく変われたなと思います。

おそらく、結婚して子どもが生まれ、自分が子どもたちを守る立場になったことがきっかけになったのだと思います。ＰＴＡや地域の活動を通してさまざまな人たちに出会い、自分がそれまで何気なく過ごしていた日常のなかに、さまざまな生きづらさを抱えた人たちがいることに気づかせてもらいました。「自分は直接的には差別をしない」という立場で、「よい人」として暮らしているという思いがあったのですが、「差別をする側に立つか、なくす側に立つか、あなたはどちら側に立って生きますか」と問われたときに、「差別をしない」という選択肢はないと気づかされ、衝撃を受けました。それから本格的に人権活動を始めました。

このように自分の生き方が変わっていったという経験があるので、認知症の問題についても、結局は「自分が動く」という選択をしたのだと思います。やはり自分自身が考えて行動していかなければ「差別をなくす側」に立ったことにはならないと思うからです。私がすべきことは何だろうと考えていくなかで、「認知症の本人として社会を変えるために発信していく」という結論に行き着いたのです。

人権活動のなかでは、わかり合えて同じ方向へ向かう仲間を見つけることを大事にしてきました。わかり合えない人については、「そのような考え方の人なのだ」と認め、いつか私たちの考えに共感する人が増えてきたときに、「自分の考えがおかしいのかな」「その考えのほうがいいかもしれない」と思ってくれたらいいなと思います。

認知症に対する理解についても同じように考えています。認知症に関する活動を始めたころから、私はほとんど同じことを話しているのですが、同じことを話していても、やはり聞く人によってピンときたり、全く響かなかったりしますし、私が思いもしなかったところに感動してくれる人がいる一方で、「そういうことじゃないんだけどな……」「大事なのは、そこじゃないんだけどな……」と思うような反応をする人もいます。それでも「そのように受け止めたのだな」「そういうふうに思ったのだな」と認めるようにしています。そしていつか、気づいてくれたらいいなと思っているのです。

2 私が発信する理由

1 絶望から始まる希望ではない

認知症があるとわかったときは、だれもが不安や悲しみに襲われると思います。それでも暮らしは続いていきます。だから私は、不安や悲しみの感情を受け止めたうえで、認知症のことを安心して話すことができて、親しい人たちと心から笑うことができるなど、本人が希望を感じながら暮らせるようになることを願って活動を続けています。

これまでは、認知症について、だれもが悲惨な状況をイメージし、「絶対に絶望する」「怖い」という印象をもっていたと思います。しかし、診断後も私の私らしい暮らしは続きます。認知症の人の話を聞いて、自ら受診したという人は少しずつ増えています。そのなかには、「絶望とは思わなかった」とか、「これから認知症とともに生きる人生が始まるな。まあ何とかなるさと思えた」などと言う人もいます。つまり、必ず絶望するわけではないのです。大切なことは、その人の望む生活、これまでの生活が続き、これからの生活において希望を失わないことなのです。

2 なぜ発信できるのか？

アルツハイマー病の診断を受けたことは、すぐに家族や職場の仲間など、生活するうえで必要な人たちに伝えました。報道や活動を通じて私が認知症であることを知った人たちのなかには、私を避けるような言動や、上から下まで眺めるような視線を浴びせる人もいましたが、直接、伝えた人たちは、変わらない目で見てくれる人が圧倒的に多かったので、私はそれまでと変わらずに思うことを伝え続けることができました。

信頼している仲間や友人には、自分が考えていることや行動したことについて、「それでよかったのか」「間違っていないか」と意見を求めていました。伝え続けていると共感してくれる人にも出会うことができますが、閉じこもってだれにも伝えなければ「それは間違っているのではないか」と指摘してくれたり、「もっとこうしたほうがいいのではないか」とアドバイスをくれたり、つらさに気づいてくれたりすることもありません。なので私は、変わらず「まわりに伝え続ける私」でいるのだと思います。

周囲の人には、アルツハイマー病になったということと同時に、私の生活のなかで起きている現象について、「いろいろなことが起きていて、すごくおかしい」「なかなか合点がいかない」などと伝えてきました。

また、認知症があるとわかったことで、認知症関係の本や新聞、雑誌の記事などが、急に目にとまるようになりました。当時は、本人が読んだらいたたまれなくなるような見出しや内容のものばかりだったので、「こんなのおかしくない?」「これを本人が読んだら落ち込んだり、傷ついたりするよね」「そもそも認知症の本人が読むことを想定していないね」ということも伝えていました。

私のまわりでも「認知症の本人は何もわからない」と思っていた人が多かったのですが、人権問題に取り組む友人たちを中心に、認知症の本人として私がおかしいと感じることに共感してくれるようになり、認知症について、私を通してとらえ直してくれたという経緯があります。「認知症であることを周囲に伝えて生きることが苦しい社会」であるということに気づき、寄り添って、一緒に考えてくれる人たちがたくさんいたことは、私にはとても心強いことでした。

私が覚える違和感や「こうしたらいいのでは?」という提案は、それまでだれも語ってこなかったことなので発信することに大きな不安がありました。そこで、「私の言っていることは間違っていない? 大丈夫かな」とまわりの人に確認しながらさまざまな活動をしてきたのですが、周囲の仲間が「間違っていないよ。むしろあたりまえのことだよ」と後押しし続けてくれたので、自分の考えが私のわがままやひとりよがりではなく、共感を得られるものだと思えるようになり、自信をもって発信することができるようになりました。

3

私が考える認知症とこれまでの認知症への違和感

1 症状は0か100かではない

私はアルツハイマー病の診断を受けていて、日常生活にさまざまな支障をきたしています。でも、日常生活のすべてができないわけではありません。それまで難なくできていたことがうまくできなくなったり、スムーズにできにくくなるといった状況です。「日常生活に支障をきたす」という意味では、認知症があるとわかり、車の運転を止められたことで、好きなときに、好きなところに行くことが難しくなったということもあります。

専門職の人でも「認知症の人は食べたものを思い出せない」などと言う人もいますが、実際は、全く思い出せないときもあれば、何かきっかけがあれば思い出すこともありますし、調子がよいときには、記憶が鮮明なときもあります。したがって、一様に「思い出せるか」「思い出せないか」のどちらかという状況ではないということを理解してほしいのです。

一緒に活動をしている認知症の本人たちは、私と同じように人前で話すことはなくても、思うことはいろいろとあって、皆、一生懸命に考えながら言葉にしています。ひとりで講演をする人もいますし、ひとりではむずかしい人もいます。認知症の本人の集まりでも、最初はあまり話をしなくても、回数を重ねるごとに、バージョンアップして、さまざまな語彙が出てくるようになる人も少なくありません。だれしも伝えたいことがあり、伝える力もついてくるのです。

一方で、緊張する場面や「この人には言いにくい」と感じる場面では、全く言葉が出てこないこともあります。これは私も同じです。講演や会議の帰りの車の中でほっとしたときに、言葉が出てくる人も多いです。会議の場では「わかっていない人」と思われてしまったと思うと少し残念ですが、そう思われているという雰囲気も察しています。実際には、人としてあたりまえのことを感じているのです。

一般的には、認知症は「脳が萎縮して、症状が進行する」「できることが少なくなっていく」と思われていますが、さまざまな場で話す機会が増えてくると、内容も深まり、進化していくことを自分自身で感じることがあります。自分以外の認知症の人の話を聞いて、「自分もそう思う」「自分も同じ考えだ」というようにつながって、変わる人もたくさんいます。家族や専門職のなかには「本人が自信を失うから」と、元気な認知症の人に会わせるのはよくないと考える人もいます。しかし、決してそんなことはありません。元気な認知症の人に会ったとき、はじめは確かに「自分はあんなふうにはなれない」と思う人もいます。それでも、二度、三度と話をすると、話すことはむずかしいと思われていた人も少しずつ変わっていくことを実感するのです。元気な認知症の人との出会いによって、意識を新たにする人、自分の暮らしを取り戻していく人も多いのです。本人同士の出会いやつながりの場には、そのような重要な意味があるのではないかと思っています。

2 「認知症らしさ」とは？

私のようにいろいろと発信する人を「認知症らしくない」と言う専門職の人もいます。私の場合は、人権問題に取り組んでいたという経験を元に、講演活動や執筆活動を通して発信を始めましたが、発信の方法は、その人の職歴や経歴、経験値などによってそれぞれであり、その人なりの発信の方法があるはずです。あたりまえのことですが、だれもが私と同じように活動することが大事なのではありません。

また、私は原稿を読むときは、自分がどこを読んでいるかをペンや手で追えるように、文字を大きくしたり、行間を広くしたりします。同じアルツハイマー病の人でも、縦書きのほうが読みやすい人や文字の色を変えて読む人など、それぞれ異なります。したがって「○○さんはこうやっているから、みんなそうするのが正しい」「その方法でできなければだめ」ということではありません。何でもその人のやりやすい方法を探して、工夫することが大事なのです。そんな基本的なこともまだ理解されていないと思うと、とても残念に思います。

「認知症らしくない」と面と向かって言われたことはほとんどありません。でも、私のいないところでそのように言われていると聞くこともあります。そのときは何ともいえない気持ちになります。「認知症らしさ」とは何でしょうか。何を期待しているのでしょうか。いまの私には、「画像やさまざまな検査結果に基づいて、アルツハイマー病と診断され、その治療を受けている」としか言えません。脳の萎縮が急速に進み、症状が急激に悪化するタイプではないということはありますが、少しずつ進行していて、少しずつ悪くなっている状況です。「いかにも」といわれる症状がみられないので、本当に認知症なのかと疑われるのかもしれませんが、本人からすれば、元気な脳ではないのは確かであり、その原因としては、いまのところアルツハイマー病なのだろうということです。死後に解剖することで、実は別の病気だったという結果になる可能性はあるかもしれませんが、いま考えられるものとしてアルツハイマー病が最も可能性が高いということなのだと思っています。

3 認知症の進行を早める「要因」

家族や専門職から「症状の進行がすごく早い」「どんどん悪化していく」という話を聞くと、本当にそれは認知症が進行している影響なのかと疑問に思うことがあります。私自身も「認知症が進行したのではないか」と思うことがあるのですが、それはストレスを感じている状況であることが多く、そのときは、いつもはできることができなかったり、失敗することが多かったりします。つまり、病気によってストレスに対する対処能力が落ちてきているためにさまざまな影響があるのではないかと思うのです。

そのようなときには、「自分はもうだめなのかな」と思ってしまうのですが、あきらめずにやり続けていると、また楽しいことや自分が必要とされることも増え、「まだできる」と感じられるようになります。つまり、ストレスを感じる環境にずっとさらされていると、「できないこと」や「失敗すること」が増え、自分自身も、周囲の人もあきらめてしまい、それまでできていたことが、本当にできなくなってしまうのではないかと思うのです。

これは、精神的なストレスだけではなく、例えば、血圧が高いとか、便秘気味であるなど、体調が悪い場合も同じように影響することがあります。総合的に考える必要があるとは思いますが、いずれにしても自分がやりたいことを制限される生活環境というのは、だれにとっても大きなストレスになるので、避けるべきです。特に認知症があるとわかった時点で、まわりが「あれもだめ」「これもだめ」とさまざまな制限をすることで精神的に追い詰められ、症状が急速に悪化しているように見えるという状況は、少なからずあると思います。本人のいまの状態だけを見て「認知症が進行している」と判断する前に、「その人の暮らす環境を見直すべき状況にある」と考えてみてほしいのです。

重度ではなく、自分で「ちょっと変だな……」と違和感を覚えるくらいの状況でも、日々の生活習慣を継続していくことはかなり大変です。日常生活をがんばって続けていくことだけでも、十分に脳の機能の維持につながると思います。認知症があるとわかった時点で、まわりが「大変だ」「人に迷惑をかけてはいけない」とあわてて禁止事項を設けたり、行動範囲を狭めたりして、本人がやりたいことよりも、まわりに迷惑をかけないことや認知症であることを知られないようにすることを優先するのは逆効果です。本人は何もやらなくなってしまい、そのうちに本当にできなくなってしまいます。

4 成功のなかの混乱

先日、夫とパン屋に行ったのですが、夫がマスクを忘れてしまったのでひとりで店に入りました。ひとりで買い物をすることは普段からあるのですが、その日は体調が悪く、クラクラして倒れそうになってしまいました。そうなると自分がどのパンを食べたいのかもわからなくなってしまうので、適当にパンを選んでレジに並びました。

レジはいつも緊張する場面なのですが、マイバッグを出して、お金を渡して、スタンプカードを出して……などと考えていたら、一体いま、何をしているのかがわからなくなり、「スタンプカードは出したのかな？　どうかな？」「お釣りはもらったのかな？　どうかな？」と混乱して固まってしまいました。レジの人に「大丈夫ですか」と声をかけられ「はい」と答えると、マイバッグにパンを入れて渡してくれたので、これで全部終了なんだと思いました。その間は、実際には1分もなかったはずですが、私のなかでは「一体どうなっているんだ？」と一生懸命に考えていて、たくさんの人がレジに並んで待っている様子も目に入り、本当は小銭も出そうと思っていたのに、数えている余裕が全くなくなってしまい、千円札をポンと出してしまいました。

調子が悪く混乱してしまったときに、「何をしているのだろう?」とじっと眺められるのではなく、「大丈夫ですか」と声をかけてくれたり、レジに並んでいるお客さんが見守ってくれるような状況であれば、また買い物にも行けるかなと思います。一方で、お店の人が声をかけてくれて、ていねいに対応してくれたり、ほかのお客さんが見守ってくれたりしたとしても、「大丈夫ですか」と声をかけられるほど私が混乱しているように見えたのだと思うと、次に買い物に行くのが怖いとも感じます。結果だけをみれば、買い物はできたので「成功」なのですが、私のなかではさまざまな感情や考えをやりくりしながら生活しているので、ちょっとしたことでもとても疲れてしまいます。つまり「失敗するかもしれない」とか「失敗したらいやだな」という気持ちをもちながらやり取りをするなかで、混乱してしまうこと自体がいやなのです。成功したか失敗したかは、その混乱の後にくる「結果」です。仮に結果が「成功」だとしても、その混乱は経験したくないものなのです。

5 不確かな記憶

一般的には、アルツハイマー病では「エピソード記憶の障害」が指摘されていますが、記憶は0か100かではありません。私が話していることは、確かに100%事実というわけではないかもしれません。「私が記憶している事実」を話しているので、多少のずれはあるかもしれませんが、「そのような出来事があった」ということは確かに覚えています。記録もしていますし、さまざまな場で話すことによって、脳に刻みこまれるという感覚があります。うまく引き出せているかどうかはわかりませんが、とりあえず必要なときに必要な情報を引き出すことができているという状況だと思います。

先日、友人との電話で広島に行った話になり、「何しに行ったの?」と聞かれたときに、「あれ、何しに行ったのかな?」とわからなくなってしまいました。私が県外に行くとしたら講演や会議、シンポジウムなどが多いので「講演だったかもしれない」と答えると、今度は「どこで?」と聞かれて、「あれ、どこだったかな?」と一生懸命に考えているうちに、少しずつ、「あの先生がいらしたな……」「そういえば講演ではなくて、シンポジウムだったな……」「そういえば、すてきなホテルだったな……」という感じで、時間をかけて記憶が戻ってきました。それでもあやふやな部分があり、後で記録を確認しました。

このように、自分では「ちゃんと覚えている」と思っていても、具体的に聞かれると答えられない状況に驚くこともあります。自分の記憶が、現実と照らし合わせると少しずれていることがあることには気がついています。記憶が不確かといいますか、記憶を引き出すときに、うまく引き出せなかったり、引き出した記憶が不確かだったりするという状況があるのです。

4 希望をもって生きていくための工夫

1 パートナーとともに歩む

私は、この十年来、日常のほとんどの時間を「認知症になっても暮らしやすい地域や社会をつくる活動」に割いてきました。活動の合間に家事をやっているといった状況です。

私は、もともと、ひとりで行動するのは苦手なので、活動するときはいつもだれかと一緒に行動しています。最初は娘と一緒に、その後は、さまざまな人と行動をともにするようになりました。

「絶対にパートナーは、クローバーの人でなければ講演はできない」と思っていた時期もありましたが、その人がインフルエンザで急に一緒に行くことができなくなり、講演先の人に急遽、講演のパートナーをお願いしたこともあります。前日に打ち合わせをして講演に臨んだ結果、その人がとても上手にサポートしてくれて、無事に講演を終えることができました。

はじめてのパートナーと活動をするときは、やはり不安です。でも、私は動きたいし、動く必要性があったので、自分がしたいことをするためにどうしたらよいのかを考え、そのために必要な人たちとつながってきました。その結果、新しい可能性へと挑戦し続けることができているのだと思っています。

また、私は長い文章を構成することがむずかしくなってきました。そこで、必要なときは、私が伝えたいと思っていることが伝わるように、だれかと一緒に文章をつくっています。さまざまな活動を私がひとりでやっているようにみえるかもしれませんが、実際は同じ方向を向いて、私が伝えたいことは何なのかをわかってくれる人がいつもそばにいるのです。その場、その場で人は替わりますが、いつもそのようなパートナーがいるので、私は安心して発信できているのだと思います。

「活動を続けていくためには信頼できる仲間が大切」とはいうものの、日々のなかではやはり、「迷惑をかけているのではないか」「無理をさせているのではないか」と不安になることもあります。そのようなときには、必ず自分から気持ちを伝えています。話をすると相手のこともわかってくるので、自分の感情だけを押しつけてはいけないと学ぶことが何度もありました。

パートナーとの関係においては、「相手のことを信頼し続ける力」も大切だと感じています。パートナーとはお互いを尊重し合う関係なので、それぞれの意向をふまえ、折り合いをつけることが大切だと思います。そのためには、自分がどうしたいのかを伝え続けなければなりません。

認知症になってからも自分らしく暮らしていくためには、自分自身の力を信じ、意思を伝えたり、自分で仲間を見つけたりしていくことが大切であり、それは可能だと思っています。パートナーは自分で選んでいくものであり、養成したり、あてがわれたりするものではありません。

2 アスリートのように脳を鍛える

車いすテニスや車いすバスケットボールなど、車いす競技の選手は一般の人よりも上腕の筋肉が鍛えられていると思います。同様に、認知症の人も鍛え続ければ脳が活性化されるのではないかと思っています。

私自身は、講演活動のために講演の内容を一生懸命に考え、パートナーと一緒に交通機関を利用して県外に出かけ、多くの人の意見を聞くということを続けています。この活動を通して、本当に多くの人に出会い、さまざまな意見を聞いたり、話をしたりするという状況がずっと続いているのですが、私にとっては、それが脳を鍛えることになっていると思います。講演をするためには、講演内容を考えることはもちろん、移動の方法や移動にかかる時間を相談したり、着ていく洋服や持ち物を準備したり、家族の予定を調整したりと、頭を使うことばかりで、非日常の刺激に溢れています。一般的に「認知症になるとだんだんできなくなっていく」といわれますが、それは「何もしなかったら」ということなのではないでしょうか。脳を鍛え続けることで、力を維持できるのはもちろん、パワーアップすることもあると思います。

講演活動でも、日常生活においても「いつも言っていること」はよく覚えている気がします。講演では、さまざまなエピソードを話します。話すために記録をしておき、話すための準備をしているので、実際に覚えているというよりは、記録してあるから話すことができるという状況です。

脳を鍛えるというと「脳力トレーニング」や「ドリル」、人との交流というと「デイサービス」と考えてしまいがちですが、日常生活における家族とのかかわりのなかで、家族が居心地よく暮らすために家事を続けることも、脳を鍛えることの一つだと思っています。

認知症になってもだれもが安心して希望をもって暮らせるような社会にしていきたいという思いで活動を続けるなかで、人と出会い、かかわり、話す状況が常にあります。自分が心地よいと思える人たちに出会えたり、そのような人たちに囲まれ、そのなかで思うことを話したり、意見を聞いたりという状況が常にあります。Zoomや電話で打ち合わせをしたり、地元の人と話したりなど、だれとも話をしない日はほとんどありません。そのような日が、ずっと続いていることが、私の脳を鍛えていることになるのだと思います。

3 失敗できる環境づくり

やりたいことを続けていくには、「失敗できる環境」が大切です。「失敗できる環境」をつくるために必要なのは、とにかく何でもやってみることです。うまくできたら自信につながりますし、もし失敗したら、どうしたらよいかをまわりの人と一緒に考えていけばよいのです。その積み重ねが「失敗できる環境」をつくります。

また、本人がやりたいときにやりたいことができる環境も大切です。クリスティーン・ブライデンさんの著書に、何度も何度も部屋の模様替えをしたというエピソードがあるのですが、私も、例えば「この家具がこの向きだったらもっと居心地がよくなるのではないか」と思い始めるとそのことばかり考えてしまって、いてもたってもいられなくなってしまうことがあります。

先日も、夕食後に部屋のしつらえが急に気になってしまって、お酒を飲んでくつろいでいる夫に「これをどうしても動かしたい」と伝えて動かしてもらいました。最終的には居心地がよくなり、夫も「こっちのほうがいいね」と言ってくれましたが、ふつうは「いい加減にしてくれ」「明日でいいじゃないか」と言われるようなタイミングだったので、その面では、そばにいる夫に感謝しています。「いまだ」と思ったらその衝動を抑えられないのです。

5 「空白の期間」への想い

1 なぜ「空白の期間」という言葉を使ったのか

「空白の期間」という言葉をはじめて知ったのは、京都府立洛南病院の森俊夫先生の話を聞いたときだったと思います。森先生がこの言葉をどのような意味で使っていたのかは覚えていないのですが、「クローバー」の活動のなかで、認知症があるとわかってから介護サービスを受けるまでの期間の存在と、その期間に目を向けることの必要性を感じていたので、この言葉がぴったりだと思い、使い始めました。

私が「空白の期間」という言葉を使うときは、診断前の違和感を覚えている期間も含めていますが、私自身も含め、認知症の人が診断を受けるかどうか迷っている時期から、介護サービスを受けるまでの期間はかなり長いという実感があります。そこに置かれている人たちの暮らしをきちんとみて、この時期に自分らしく、希望をもって暮らすことができるような社会であれば、介護が必要となる時期も先延ばしできるのではないかと考えています。

自分なりの暮らしを続けていても、自分では違和感があり、「変だな」「しんどいな」と思いながら暮らしている人は多いと思います。診断を受けようか、どうしようかと迷っている人や、診断は受けたけれど、人に言わなければ自分が認知症であることは知られずにすむと思っている人たちもいます。そのような人たちが迷ったり、隠したりせずに安心してまわりの人に伝えることができ、まわりの人も「何か手伝うことはある?」「何か一緒にやろうか」と気軽に声をかけてくれるような環境があれば、不安が軽減され、気力を取り戻すことができます。そのための手立てを考えることが大切であり、その結果として、介護を必要とするまでの期間が長くなることは、むしろよいことなのではないかと思うのです。この時期にも焦点を当てていくことが必要です。

私は、早期に自分の病気に気がついて適切な治療が受けられているので、特にその重要性を痛感しています。そして、診断後に必要だったのは介護サービスではなく、自分のやりたいことを一緒に実現してくれる人たちでした。早期に診断を受ける人ばかりではないので、病状が進み、うまく自分のことを伝えられなくなってから、まわりの人が病院につれて行くという状況もあると思います。仮にそうだとしても、認知症があるとわかった時点で、すぐにデイサービスや施設の利用手続きを進めるのではなく、本人に、これからの暮らしについて、どうしたいかを聞いて、一緒に考えていくことが大切だと思います。

もちろん介護が必要な人は介護保険サービスにつながることが大切ですが、単につながればよいということではなく、本人にとって何が必要なのかを考え直さなければいけないのではないかと思っています。

2 「空白の期間」に必要な情報

診断を受ける前の違和感がある時期から、介護が必要になるまでの「空白の期間」に、認知症について前向きになれないような情報ばかりを得てしまうと、本人や家族は自信をなくし、不安ばかりが大きくなってしまいます。

認知症について市民が知る機会は、講演会や書籍などが多いと思います。講演や執筆をする人のなかには、例えば「○○ができる人は認知症ではない」などと断言する人もいます。悪意はないと思うのですが、認知症の本人が発信していることに耳を傾けずに「これまでの常識」を広めるのは、偏見を助長することになると思います。実際の感覚は、認知症の本人にしかわかり得ないものです。ですから、本人の発信に耳を傾け、受け止めてほしいのです。

認知症というと記憶に関することばかりいわれますが、実際には、眠れない、不安になる、頭が痛いなど、さまざまな症状があるので、本人の発信に耳を傾けることが、認知症の早期発見につながることもあります。よかれと思って、端的に説明しているということもあると思うのですが、その結果、複雑で微妙な感覚が伝わらないので、本当の意味での認知症の理解につながっていかないのだと思います。

市民に発信する立場の人は、自分のもつ影響力を自覚して、数百万人といわれる認知症の人たちが暮らしやすい社会、躊躇なく病院に行くことができる社会、まわりの人たちも偏見なくサポートできる社会に向けて、必要なこと、正しいことを伝えてほしいと思います。

6 専門職に伝えたいこと

1 前向きに暮らす認知症の人との出会いを大切にする

鳥取市の「おれんじドアとっとり」では、最初は家族の話も聞いています。なぜなら、認知症の本人同士のかかわりのなかで、本人の考え方が変わって、前向きになってきたとしても、一緒に暮らす家族や頼りにしている人がそれを理解していなければ、また、元の状況に戻されてしまうからです。家族の様子、家族との関係性なども把握しながら、本人と家族の両方にアプローチしていくことで、「認知症とともに暮らす」ことにつながると考えています。家族ばかりが話してしまうようなときには、いまは本人に聞いていることを伝え、家族の話は別の人が聞くようにしています。

なかには、認知症であることを絶対に言いたくないという人もいます。そのような人には、私が本人として感じていることを伝えたり、その人のふだんの暮らしについて聞いたりしています。すると少しずつ、自分が感じている違和感や不安を話してくれます。

「本人ミーティング」では、自分がここに来る理由がよくわからないという人もいますし、自分が認知症であることをまわりの人に伝える必要はないと思っている人もいます。それでも、ミーティングに参加し、認知症の本人の話を聞いているうちに、「ここにいるとすごく安心する」「何でも言えるし、楽しい」と感じてもらえるようになります。そして、それをくり返しているうちに、「やはり本人としてきちんと発信していかなければならない」と気づく人たちもたくさんいるのです。

2 新たな出会いの機会をつくる

認知症の人が、私たちが話す様子を見て、「自分はあんなふうにはなれない」「ここは自分が来たい場所ではない」と感じたとしても、月日が経つと「やっぱり行ってみようかな」と思う可能性もあります。したがって、専門職の人には、地域のなかで、認知症の本人同士が話し合える場を把握しておいて、よいタイミングで誘い続けてほしいと思います。本人同士が出会うことで、その人の暮らしや人生が豊かになる、希望に向かう可能性があるということを理解し、タイミングよく声をかけていくことが大切です。あの人は話せないから、この人はわかっていないからと、勝手に思いこみ、「本人ミーティング」に行くのは無理だと判断しないでほしいのです。

ミーティングには、発言がむずかしい人も参加しています。何も言わないけれど、一生懸命に、みんなの話を聞いてうなずいたり、何か言いたいときは、一生懸命に伝えようとしたりします。言葉がうまく出なくても輪の中にいて、「○○さんの言っていることはこういうことなのかな」「考えていることはこれだと思う」などと言い合いながら、本人も「うん、うん」とうなずいています。

その輪に入ってこられなくてもずっと話を聞いていて、最後の片づけを一緒にしてくれるという人もいます。その空間にいることで仲間に入っているという感覚を得ていて、その人にとって、「行きたい場所」「居心地のよい場所」の一つになっていると思うと、とても嬉しく思います。ミーティングに参加すること自体が、本人にとって大切な社会参加の場になっていることに、専門職の人たちも気づくことができるのではないかと思います。

写真2-1　「本人ミーティング」で話す筆者

写真2-2　Zoomを使った「本人ミーティング」の様子

3 求められてはじめて言葉が出てくる

私がいま、こんなに元気でいられるのは、やはり自分がやりたいことが明確にあって、さまざまな支障があっても、あきらめずに、どうしたらできるかを一生懸命考えて取り組んできたからだと思います。

認知症の人は、何か言おうとしてもなかなか言葉が出ずに、言いよどんでしまうことがあります。そのようなときに、ああでしょう、こうでしょうと、口を挟むことはやめてほしいのです。家族でもパートナーでも、そこはじっと待ち、本人との関係性のなかで、このことを言いたいのかなと思うところだけ「これかな」と促すようなサポートをしてほしいと思います。代わりに言ってあげるのではなく、あなたの考えや言葉が必要だという姿勢で、本人の言いたいことをどんどん引き出すようなかかわりがあれば、脳の機能の維持につながると私は信じています。

まわりの人たちが先回りをして考えて、何でもやってしまうと、本人はとても楽なので考えなくなってしまいます。深く思考を巡らすと脳が熱くなってきて、頭もクラクラしてくるので、まわりの人がやってくれたことに対して、「うん、うん」とうなずいているほうが確かに楽なのですが、それではつまらないというか、自分で言いたいという気持ちがあるのです。自分の考えや言葉が求められていると思うと、言葉も出てくるように思います。求められていなければ、考えも言葉も出てきません。

認知症の人に対して、「急に症状が進行した」「悪化した」などと言いますが、進行したように見えるきっかけは何か、つらいことを言われたり、つらい経験をしたりして、傷ついてしまい、もう何もしたくないと思ってしまったということはないか……と、考えてもらいたいと思います。深く傷つくような経験が重なると、だれでも行動することが怖くなり、自信を失い、あきらめてしまって、まわりに任せてしまうようになると思います。反対に、自分の言動を認められると、自信につながります。「自分はこんな感じでも大丈夫なんだ」と確認できると、またそれが何かに挑戦したい、やってみたいという希望につながっていきます。まわりが「できない」「だめだ」と決めつけてしまうと、本当にできなくなってしまうと思います。

4 「人」と「人」とのかかわりを大切にする

専門職の人は、認知症によって起こる症状の分析は得意なのかもしれません。でも、その前に、目の前の人がどのような人なのか、人柄や人間性を分析して、この人は、こんな言葉をかけると元気になる、このようにはたらきかけると前向きになれるなど、その人の特性を活かすかかわりを考えてほしいと思います。忘れたり、覚えられなかったり、何度も確認したりということは、病気の症状として起こることなので、そこはまわりの人たちがうまくフォローして、そのうえで、何を一緒にやろうかなと考えてほしいのです。

また、認知症の人も、ほかの障害のある人も同じだと思いますが、相手の専門性よりも、人間性に共感する人にパートナーになってほしいと思うはずです。つまり、専門職としてというよりも、人として温かい人が認知症の人にとっては魅力的なのではないかと思います。あまり専門性を前面に出さないケア、人と人とのかかわりであるという意識で認知症のある人とともに動いてみてください。

認知症の人とかかわるときは、病名や症状、医療の状況を知ることだけが大切なのではありません。先日、「おれんじドアとっとり」に、認知症地域支援推進員になったばかりの人が2人来て、私が本人と話をしている様子を見ていました。後で「ふつうの話をしているので驚きました」と言われました。私は、特に、困っていることや認知症の症状について聞き出したりするのではなく、自分のことを話しながら、「あなたはどうしているの?」と、ふつうの会話のなかから大切なことを引き出すことができればよいのではないかと思っています。特に課題などを見つける必要もなく、人間関係ができてきて、次に会ったときにまた、「こんにちは」と会話を始められればよいのです。支援しなくてはいけないと思いこみ、何を支援したらいいのだろうと考えながら話す必要はないと思います。それよりも、「この人はどんな人なのかな?」と感じながら話したらよいと思います。

特に、施設や病院などの限られた場所で働いている専門職の人には、地域とつながり、地域で暮らす認知症の人からの情報を得て、施設や病院でできることを考えてほしいと思います。世界観を広げながら、「認知症とともに生きる希望宣言」注)の①にあるとおり、「自分自身がとらわれている常識の殻を破り、前を向いて生きていく」ということに、本人だけではなく、みんなが取り組んでくれたら嬉しく思います。

5 新しい一歩を踏み出すときに大切なこと

新しい一歩を踏み出そう、行動に移そうと思ったときに、最も大切なことは、私は何のためにこれをするのかという、自分自身の目的を見失わないこと、自分のやっていることに自信をもつこと、そして、共感、賛同して一緒に動いてくれる仲間を見つけていくことだと思います。

仲間がいなければ、思うように動くことができません。ひとりだけの力では、いろいろなことが展開していきません。私は、思っていることややりたいことを、本人としての経験から発言していますが、それを具体的に実現するために動いてくれるのは、私よりもパートナーの人たちです。だから、どちらも必要なのです。

私は、「積極的に発信し活躍している」と言われることも多いですが、それができるのは私ひとりではないからです。まわりにそれを支えてくれる人たちが何人もいるということを知ってほしいと思います。だから逆にいえば、発信できない、活動できていない、活き活きできていない本人のまわりには、その人の味方になってくれるような人が少ないということなのかもしれません。その人が認知症だから発信したり、活動したりできないのではないということはわかってほしいです。
そして、専門職の人には、「自分がパートナーにならなければならない……」と考えるのではなく、目の前の認知症の人が希望をもって暮らしていくために、どのような人が必要なのかを考え、つなぐ役割を担ってほしいと思います。本人が信頼している人、本人とともに動いてくれる人を見極め、必要な情報を提供し、本人の味方になってくれる人を増やすことを大切にしてほしいと願っています。

注）認知症とともに暮らす本人が体験と想いを言葉にし、それらを寄せ合い、重ね合わせるなかで生まれたもので、「一般社団法人日本認知症本人ワーキンググループ（JDWG）」が2018年11月に表明した。①自分自身がとらわれている常識の殻を破り、前を向いて生きていきます、②自分の力を活かして、大切にしたい暮らしを続け、社会の一員として、楽しみながらチャレンジしていきます、③私たち本人同士が、出会い、つながり、生きる力をわき立たせ、元気に暮らしていきます、④自分の思いや希望を伝えながら、味方になってくれる人たちを、身近なまちで見つけ、一緒に歩んでいきます、⑤認知症とともに生きている体験や工夫を活かし、暮らしやすいわがまちを、一緒につくっていきます、という五つの項目から成る。

参考文献

・クリスティーン・ボーデン著、桧垣陽子訳『私は誰になっていくの？——アルツハイマー病者からみた世界』クリエイツかもがわ、2003

Ⅱ

認知症の人の心を理解する
——医師として

第3章

初診時から始まる認知症の人の心への支援

大塚智丈（おおつか・ともたけ）

1963年、大阪府生まれ。三豊・観音寺市医師会三豊市立西香川病院院長。「認知症の人の役に立つ医療」をめざし、認知症の人の体験や心情・心理を深く理解した、本人中心のていねいな診察・診断を行う。認知症の本人を相談員として雇用し、診断後のピアサポートにも取り組む。精神科医、日本精神神経学会指導医、精神保健指定医。

1 失敗からの学び

2002年に私がもの忘れ外来を始めた当初、2回目の受診時に家族は来ても本人が来ないということがまれではありませんでした。また、家族から「（本人が）家へ帰ったときに怒っていた」と聞くこともありましたが、その理由が私にはよくわかっていませんでした。そのころは、本人の心情に配慮することなく淡々と認知機能検査をして、本人がいる前で家族とばかり話をして、本人の自尊心を傷つけ、失敗していたのだと思います。ですので、「2回目の受診に来られなくなるのも当然である」と、いまでは思うことができます。そして、外来受診の問題だけではなく、認知症の人の自信や意欲を低下させ、周囲との関係性も悪化させてしまっていたのではないかと感じます。

いまから考えますと、非常に恥ずかしく情けないことですが、認知症の専門医療を掲げながら、認知症の人の心情や心理をほとんど理解できていなかったのです。そのため、失敗を失敗と気づかないまま何度も同じことをくり返していたのです。このような状況では、たとえ診断や薬物治療はできたとしても、認知症の人の想いに応える本来の意味で「役に立つ医療」は行えません。

その後、私は、幸いにも自身の外来、メディア、書籍やセミナーなどにより、認知症の本人から心の内面の状態を聴く、知る、示唆を与えられるようになりました。そして、支援者としての理解の欠如を痛感させられることになります。私自身の経験をふり返って、認知症の人にとっては、私はほとんど役に立っていなかったこと、役立つどころか心を傷つけてしまっていたことを、とても情けなく申し訳なく感じました。それからは、認知症の人の体験や心情・心理に関心をもち、理解を深めていくようになり、診療の方法や力点も大きく変えていきました。

診察の方法を変えた後は、2回目の受診時に本人が来ないということはなくなりました。しかし、まだそのころは、その人の心情・心理や能力を十分に理解できていたわけではありませんでした。例えば、黙っている人やぼーっとしているように見える人は、こちらの話すことをあまり理解していないと思うなど、その人の感じる力や理解力などの能力や可能性を、実際より低くみてしまっていたと思います。

その後、多くの認知症の人と接するなかで、それぞれの人の想いにふれ、たくさんの気づきを得ながら少しずつ私も成長してきたように思います。まだまだ発展途上ですが、気づきを得ながら「役に立つ支援」のために試行錯誤してきたことなどを綴りたいと思います。このように、さっぱりわかっていなかった私でも大きく変われたのです。ですから、気づきのチャンスさえあれば、同じように変わることができる専門職はたくさんいるはずだと思っています。

2

診断時に心がけていること

1 初回面接時からの心構え

本人との信頼関係づくりに失敗し、治療の継続を困難にした経験から、初診時からのかかわり方を考え直すことになりました。そして、その方法を変える以前に、面接にあたる際の心構えを変えることが大切だと考えました。支援の前提として不可欠となる、認知症の人との信頼関係を構築していくための心構えについて、私は次のように考えています。

病院への受診は、家族など周囲の人が希望して来院する場合が多く、本人は望んでいないことがほとんどです。それにもかかわらず、診察に協力していただくことへの「感謝」の気持ちをまずもつように心がけます。また、認知機能検査に対しては、自ら希望して受診したのでなければ、本当はしたくないはずです。そして、能力低下のため、質問事項への返答にかなりのストレスを感じていると思いますが、検査に応じ真剣に取り組む人がほとんどです。その姿勢にも「敬意」を払うべきだと感じています。

認知症の人は、以前の自分とは違うという感覚をもち、自信が低下しているため、自分がどうみられ、どう扱われるかに敏感になっている場合が多いと思います。まわりからみれば何でもないような言葉や態度によって、傷ついて落ち込んだり、逆に嬉しくなったり、元気がでたりすることがあります。信頼関係構築のためには、このことも十分に理解して、自尊心などに配慮する必要があります。また、認知機能評価のための質問や検査によって大きなダメージを与え、自信を喪失してしまえば、本人から「ダメージを与える人」と思われてしまいます。そうならないように、まず十分な配慮や工夫をするよう心がけています。

実際の面接では、こちらの「感謝」と「敬意」の気持ちが伝わるように、できるだけはっきりと態度に表すように努めます。まず入室の際、本人にウェルカムな表情でていねいにあいさつをします。以前は、家族にばかり質問することがありましたが、面接開始からしばらくは家族のほうを向かず、本人だけをしっかり見て話すようにしました。そして、家族への質問が必要な場合には、本人の了承を得てから行うように心がけています。

問診の手順は、まず受診理由をたずね、本人がもの忘れについて訴えないかぎりそれにはふれず、身体疾患の病歴、家族の近況などの質問をします。その際、認知症であれば答えにつまり、記憶があいまいな状況になります。そこで、「お歳を召されると、忘れっぽくなられるのはふつうのことです」「ご高齢のみなさんには、もの忘れのチェックもさせていただいていますが、一度させていただいてもよろしいですか?」とたずねて、自然な流れで認知機能検査の了承を得られるようにしています。

検査中も相手の表情を見ながら質問し、自分の表情や声のトーンにも気をつけながら進めていきます。そして、返答に対しては、「ありがとうございます」と感謝の言葉をくり返します。できたところを強調して、できていない場合は「みなさんなかなか答えられないことも多いです」「歳を重ねられれば、みなさんすぐには答えが出てきませんから」などと言葉をかけ、なるべく失敗感、劣等感、疎外感などが残らないよう、本人の心情に配慮します。そして、認知機能検査などの質問で答えられず「だめ」なところをみせても、態度が変わらず自分を尊重し敬意をもって接してくれる人として、本人から認められるように努めています。そのためにも、能力低下の評価のためではなく、本人を理解して困っていることに対応し、〝あなたの役に立ちたい〟という気持ちをもって接するよう心がけています。

本人にとって、自分のために役に立とうとしてくれる存在、自分の思いを安心して話せる相手になりたいと考えています。本当の意味で役に立てる専門職、役に立てる人間に近づいていけるよう、これからも努力していきたいと思って診察を続けています。

2 診断・告知の際に心がけていること

最近では、診断の後に本人に病名告知をすることが、多くなってきています。その際には、次のことを心がけています。

近年では、早期に受診をする認知症の人が増え、それに伴い「早期診断・早期絶望」という状況がしばしばみられています。認知症と診断され告知を受けた場合、不安や混乱が増悪し絶望状態となってしまうことが多いです。その絶望状態の要因には、悪すぎる認知症のイメージがあります。このような状況において、悪いほうに極端に偏った認知症観を改善するアプローチを行わず、絶望状態を放置している現在の認知症医療は、支援サービスとして「欠陥商品」と思われても仕方がないと思います。認知症医療を役に立つものにするためには、この認知症観の改善に取り組むことが不可欠だと考えています。

世間の認知症観は、「認知症になったら何もやらなくなる、何もできなくなる」「楽しい人生などおくれない」といったものでしょう。また、認知症になるのは一部の人だけ、と思っている人も少なくありません。そう思うと、恥ずかしさや情けなさが非常に増します。これらの偏見や思いこみを改善していく必要があります。

実際にどのように説明しているのかを、具体例をあげて説明します。

Aさん　70歳代　男性　アルツハイマー型認知症

約3年前から置き忘れ等がみられ、2年前には外出を面倒がるなど意欲低下が出現。1年前より、「家族にバカにされる」などと被害的になり、易怒的にもなった。本年に入り、数分前のことも忘れるなど、もの忘れが増悪したため近くのもの忘れ外来を受診。アルツハイマー型認知症と診断され、告知も受ける。その数か月後に当院へ紹介され来院。

当院初診時、本人は苦悩を浮かべた表情で、「痴呆症って言われて……、前の病院にかかってもよくならなくて……」「置いた物がわからなくなったり……、日時が思い出せなくて書いて貼って、でもまた忘れるから不安でもういやになる。情けない」などと話し、自分の状況への不安、つらさを訴えた。改訂長谷川式簡易知能評価スケール17点でやはり前記の診断。

本人の語りから、もの忘れが悪化していることや認知症の告知を受けたことで、強い不安や焦りを感じ、気分もかなり落ち込んで絶望的になっている様子が伝わりました。そのため、その不安で絶望的な心の状態を少しでも改善できるように、次のような説明を本人と家族に行いました。

「統計によると、80歳代後半で44・3％、90歳で約5割、90歳代前半で6割、90歳代後半で8割、100歳では約9割の人が認知症になっています。人生100年時代といわれますが、本当に長生きすればだれでも認知症になり得ます」

「現在は65歳以上の高齢者の約6人に1人が認知症ですが、地域で認知症の人はそんなにおられますか？　そうは思えないのでは？　その理由には、世の中の認知症のイメージがまだ、悪いほうに偏り過ぎていることがあると思います。Aさんもそうなのでは？」

「書籍やテレビなどでこれまで紹介されていたのは、認知症が進んだ人や状態の悪い人が多かったです。そのために、世間の人は認知症に対して、悪すぎるイメージをもっていることが多いです。しかし、実際は楽しく暮らしているよい状態の人も少なくありません。きんさん、ぎんさんも、実は認知症だったそうですが、明るく元気で楽しそうに暮らしていました」
「超高齢社会になりましたが、まだ平均寿命は延びていて、これからも認知症になる人は多くなると思います。昔のように一部の人がなるというわけではありません。順番になっていくことが多くなるでしょう。なので、認知症になることは恥ずかしいことでも情けないことでもないと思います。堂々としていただきたい」
「これからのAさんの人生には、もの忘れや失敗の多い・少ないよりも、楽しみや満足感の多い・少ないのほうが大切だと思います。もの忘れなど悪いところにこだわり続けるより、楽しみややりがい、満足感を増やせるよう、みんなで探していきましょう」等々。

右記のような説明を十分な時間をとって行うと、Aさんは「そういうふうに思ったらいいのですね」「元気が出てきた」などと話し、その表情も明るくなっていました。その後、当院に通院継続中ですが、活動的となり、被害的な訴えや易怒性はみられなくなっています。この大きな変化から考えられることは、悪いほうに偏った認知症のイメージにより、Aさんも不安や混乱が増悪し、さらに易怒性も生じていたということでしょう。

絶望や混乱状態の改善や予防のためにも、認知症観の改善が求められる認知症の人が（あるいは家族も）多くいると感じます。多くの人がもつ「悪いほうに偏った認知症観」によって、自己イメージや自己将来像が非常に悪くなるため、過剰な苦しみを抱えてしまっている場合が多いのです。しかし、本来は「早期診断・早期絶望」を防ぐためにも、告知前に適切な説明を行って適正な認知症観をもてるようにすべきだと考えます。

認知症観を改善するための説明は、前述のようにさほどむずかしいものではありません。医師でなくても説明は可能な内容です。そして、説明をくり返し行うことで、認知症の人にも理解されていく場合が少なくありません。認知症の人にかかわる人なら、ぜひ、一度は認知症観を改善するための説明を試みてもらいたいです。軽度の人であれば、より有効でしょう。

説明の際には、自分や一部の人だけが認知症になるわけではなく、将来的には家族もなり得ること、思っているよりさまざまなレベルや生き方をしている認知症の人がいること、楽しく生きることもできること、などを認知症のイメージとして本人に感じてもらうことが大切です。ただし、説明をする側が本当にそう思って本気で話さなければ、本人に伝わりにくいものです。そう話せるように、まず自分自身の認知症観をふり返り、必要があれば改めていきましょう。

3

認知症の人は、何を想い、何を求めているのか

認知症の人も、もちろん人それぞれで個々に想いは異なっていますが、認知障害を生じて同じような体験をしている人が多いです。同様の体験によって、まわりからは見えにくいですが、さまざまな共通の想いが生まれやすくなります。その内的な特有の体験の理解は非常に重要です。それを理解することによって、よりよい支援のためのヒントが得られると考えています。

1 認知症の人は何につらさや苦しみを感じているのか

はじめて、私がはっきりと認知症の人の想いにふれる体験ができた事例を紹介します。

Bさん　60歳代後半　男性　アルツハイマー型認知症

当院受診の約5年前、町の助役を務めていたが、行事のスピーチを自分でつくることができ

なくなる。4年前にはもの忘れが増え、日付もわからなくなったため、近くの心療内科を受診。アルツハイマー型認知症と診断され告知も受けた。翌年に退職するが、認知症はその後も進行。1年前ごろより易怒的となり、もの盗られ妄想、暴言、暴力などが著しく、対応が困難となったため、妻とともに当院受診。

妻によると、心療内科で精神安定剤を処方されたが、易怒性や暴言、暴力、妄想などはずっと続き、全くよくならなかったとのこと。しかし、あるときだけ、それらの症状がピタッとなくなったと、妻は不思議そうに語った。それは、市民オンブズマンが、Bさんが認知症になっていることを知らずに、行政改革についての意見を聞きにきた後のことで、状態がよかったのはそのときだけだったとのこと。

Bさんの認知症は進行し、当院受診の1年前ごろより、もの忘れだけでなく身の回りのこともできなくなっていました。自分自身に対し、情けなさ、いらだち、不安などを感じることがさらに多くなったことでしょう。一方、家族から見れば、できなくなったことが増えてきたため、よかれと思っての助言や指摘の回数が増えてきます。しかし、それによって、本人はできなくなった「だめな自分」をより思い知らされ、「バカにされた」「叱られた」などと感じるようになります。そして、自尊心を傷つけ不安を増大させる家族への「怒り」が生まれます。暴言・暴力などの攻撃性も当然生じやすくなるでしょう。

数回目の診察の際、病気になって何がつらいかを私がたずねると、Bさんは「まわりの者がいままでと同じようになったのがいちばんつらいですわ」と、はっきりと想いを語りました。このような体験ははじめてでしたので、たいへん考えさせられました。Bさんは周囲の態度の変化により、「同じように接してくれない」「相手にされない」など、疎外感や孤独感を強く感じているようでした。そして、「これまでどおり、同じ人間として仲間はずれにせず、以前と同様に認めてもらいたい」という、人としてのBさんの心の欲求を感じとることができました。

また一方で、家庭や地域での役割もなくなり、「だれかの役に立ちたい」「何かの役に立ちたい」「役に立って感謝されたい」「必要とされたい」などの心の欲求も、ずっと満たされない状態が続いていたと思います。そこに市民オンブズマンが来ることで、これらの心理的ニーズがたまたま満たされたとき、そのときだけ行動・心理症状がピタッとなくなったのだと、私は解釈しました。「パーソン・センタード・ケア」では、行動・心理症状は、認知症の人が何らかの欲求をもっていて、それを伝えようとする「ニーズと結びついたコミュニケーションの試み[1]」とされています。そして、私たちにはその人からのメッセージを理解する努力が求められます。まさに、そう感じさせられるエピソードでした。

Bさんのように、認知症の人の多くはとてもつらい想いをもち、さらにそれをだれにも理解してもらえないという二重のつらさを抱えていると思います。ですが一方で、そのような状況でも大きく変われる「可能性」があることを、Bさんから学びました。

本人の心の声を聴き、心情・心理の理解を進めていくなかで、私は、認知症の人が困ったり苦しんだりしていることは、次のように大きく二つあるのではないかと考えるに至りました。

①　能力低下による生活機能障害（不便さ）
②　人としての心の欲求が満たされないこと（人との関係性や自己評価の変化による）

①は比較的見えやすく客観的評価もしやすいものです。②は家族などとの関係性や「自己存在価値」の感じ方の変化などによって生じ、心の内側にあるものなので見えにくく、客観的評価もむずかしいといえます。したがって、これまではあまり注目されていませんでした。私もBさんと出会う前は、①のもの忘れやADLの低下など、能力低下による生活障害のほうばかり見ていました。もちろん、これらも不便で困りますが、本人にとっては、どちらがよりつらいのだろうと考えるようになり、「生きていても仕方がない」などの大きな苦しみや絶望を与えてしまうのは、①よりも②の心の欲求が満たされないことなのではないかと思うようになったのです。

そして、どちらが変えられるところが多いのでしょうか？　Bさんのように、大きく変えられるのは、②ではないかと思います。しかし、これまでは「認知症の人に医療ができることはあまりない」と、認知症医療にも自ら負のレッテルを貼ってしまっていたのです。②は見えにくい部分とはいえ、本人にとって非常に重要なことを見過ごしてきた自分を大いに反省しました。生活や人生を支援するうえで、①ももちろん重要ではありますが、専門職の視点が能力低下による生活障害に偏りすぎている現状があり、適正なバランスが大切だと感じています。

2 認知症の人が想いを伝えられない心理的背景の理解

❶ なぜ想いを語ろうとしないのか

認知症の人は、能力低下による困りごとや苦しい気持ちを感じていても、なかなかそれを語ろうとしません。そのために周囲にそのつらさが伝わらず、ずっとつらいままになっていることが多いと思います。支援者にとっても、このことが心の内面の把握や理解を困難にしていますので、語ろうとしない心理的背景の理解はとても重要です。

Cさん　80歳代　女性　アルツハイマー型認知症

2年前より約束を忘れるなど、もの忘れが出現し、その後も徐々に認知症の症状は増悪した。一人暮らしであったが、家事ができなくなり妹の家に移住し同居となった。当院を受診し、中等度アルツハイマー型認知症と診断。

以後、当院通院となり、デイサービスも利用開始。行動・心理症状はみられず、再診時にも本人は穏やかで笑顔が多い。本人に困っていることをたずねても、「どうもないです」との返答が多い。同居の妹は、「私の言うことを何でも〝はい、はい〟と聞いてくれて、全然問題ないのです」と嬉しそうに話し、妹家族も全く困っていないとのこと。

このような状況の人なら、落ち着いていて問題なく安心だと周囲は思うのがふつうでしょう。しかし、私は、本人が妹家族に対し「お世話になっているから」と我慢して、一方的な指示や援助に文句を言えない状況になっているかもしれないと感じ、次のような話をふたりにしてみました。

「認知症の人は、家族に対してお世話になって申し訳ないと思ったり、負い目や罪悪感をもったりしていることがあります。Cさんもそうかも知れません」
「思ったことを言って迷惑をかけたくない、心配をかけたくない、という気持ちになられることもあるでしょう」
「また、自分の想いなどわかってもらえそうもないと、話すことをあきらめてしまっている人も多いと思います」
「もちろん、妹さんには感謝していると思います。ですが、いろいろな想いがあっても話すのを躊躇している認知症の人も多いのです」

この説明をしているときに、それまで微笑んでいたCさんの目から涙が流れました。妹はその涙を見て驚き、Cさんの心の奥に隠れたつらい想いを感じ取れた様子でした。そこで、妹に対して助言・指導を行い、その後、妹はCさんの想いを聴くために、何度も「してもらいたくないこと」や「してもらいたいこと」をたずねるなど、努力をするようになりました。Cさんが望むことを一緒にするようにもなりました。それからは、Cさんが少し主張をするようになり、妹の言うことを何でも〝はい、はい〟と聞くことはなくなりました。それでも、家族との関係悪化など大きな問題はないとのことでした。妹の姿勢がCさんの想いを粘り強く聴こうとするように変わったことで、負い目などネガティブな心情による躊躇の気持ちが変化したのでしょう。あきらめから希望、家族へ期待する想いへと変化が生じたと考えられます。

このように、認知症の人にはつらい心情などがあっても、それを語りにくくしているさまざまな状況があります。したがって、それらを理解したうえで個々の人に対してたずねたり、推察して代弁を試みたりすることなどによって、心の状態を確認していくことが必要だと考えています。

現状では、Cさんのような状況の認知症の人が多くいて、周囲が気づかずそのつらい状態が放置されているのではないでしょうか。「問題がないように見える」という課題があると思います。これは、認知症にかかわる私たちに共通する重大な課題です。その解決のためには、まず認知症の人特有の心情があることを知り、代弁や家族等への説明・指導、ピアサポートなど種々の工夫によって、本人が想いを語りやすい状況をつくることが求められます。

❷ 三つの視点からの理解

認知症の人が語ろうとしない心理的な背景や理由の理解と察知が、支援者には求められると思います。その方法の一つとして、私は、「認知機能障害」「心理的防衛機制」「心情」の三つの視点から、認知症の人の心の状況を理解するようにしています。

1 認知機能障害

まず、認知機能障害についてですが、もの忘れがあれば、忘れたことも忘れてしまい話せないことはあるでしょう。しかし、多くの場合、体験のすべての記憶が失われるわけではありません。例えば、ある場所でよい体験をした、つらい体験をしたなどの記憶は残っていることが少なくありません。それらを本人が語る場合もよくあります。前述のBさんのように、中等度の人でも話すことはできています。したがって、想いを語れないのは認知機能障害のためだけではないと考えられます。

2 心理的防衛機制

次に心理的防衛機制ですが、これは不安によって、だれにでも生じてくるものです。人にはプライドがあり、自分のよくないところが目立つことなどで不安が大きくなってくると、その部分を認めにくくなります。例えば、言い訳をしてしまうのもこのはたらきによるものです。

認知症の人の場合も同じことが起こり得ます。もの忘れなど能力低下が進んできてそれに対する不安が非常に大きくなってくると、能力低下を受け入れられなくなり、もの忘れなどを意識のうえでは認められなくなってきます。自分のいまの現実を認められる限界を超えると、無意識のなかに不都合な事実を押しこめてしまう、「否認」「最小化」などの心理的防衛機制がはたらくのです。それによって、「もの忘れはたいしたことはない」と思うようになってしまいます。しかし、その心のなかには強い不安があるということです。そして、その強い不安の背景にはプライドだけではなく、悪いほうに偏りすぎた認知症観や周囲からの指摘などがある場合が多いです。このような場合は、専門職の介入により、ある程度は状況の改善が可能でしょう。

3　心情

心情は本人には自覚し得るもので、また、この三つのなかでは改善の可能性が最も高いと考えられます。人それぞれの相違はありますが、共通する思いもあります。

まず、自信低下からくる「自尊感情の低下」「恥ずかしさ」です。前述のAさんも語っていましたが、「情けない」「恥ずかしい」などの気持ちをもっている人が多いでしょう。したがって、自分の能力低下に関係することやつらい想いを、自らは話しづらい面があると思います。また、認知症の人は何事にも不確かな感じがあり、「勘違いなどを指摘されてさらに傷ついたり、恥ずかしい思いをしたりするのではないか」と、不安で話すことを控えている場合もあると思います。さらに、自尊心やプライドの高さから、「迷惑をかけたくない」「お世話になりたくない」と思い、あえて語ろうとしない人もいるでしょう。また、はじめて訪れる場所など環境によっては「緊張感」を感じたり、一緒にいる人によってはその場では言いにくい雰囲気や「圧迫感」があり、語らないことがあるかもしれません。

次に、家族に負担や迷惑をかけていると思い、「負い目」や「罪悪感」を感じていると、自分の困りごとやつらい気持ちなどは言いにくくなります。自分が言ったことで、また家族に負担や迷惑をかけてしまうのではないかと思う場合もあるかもしれません。

そして、どうせ自分が話してもわかってくれないだろう、相手にされないだろうなど、「無力感」や「あきらめ」をずっと感じている状態の認知症の人は、おそらく多いと思います。

さらに、話してしまうと「どのようにとらえられるかわからない」「叱られるかもしれない」「施設や病院に入れられてしまうかもしれない」などの「警戒心」や「猜疑心」がはたらいて語ろうとしない人もいます。家族を信用していないわけではない人でも、不確かさが強くなり、そのように感じてしまうこともあるようです。

最後に、「心配させたり負担をかけたりするのはかわいそう」と感じるなど、家族などへの「愛情」や「親切心」から、「自分が我慢をすれば世話をする人は楽になる、助かるはず」と思って、語らないようにしようと思う人もいるでしょう。

以上のように、認知症の人にはさまざまな心情がそれぞれにあり、それらのためにつらさや不安を感じていても語ろうとしない面があると思われます。そして、それらの心情の多くは、語らない理由となるだけでなく、それ自体が認知症の人の苦悩にもなっていると思います。したがって、苦悩となる心情を少しでも緩和できるよう、支援者は個々の認知症の人から、これらの心情を察して、汲み取れるようになっていければと願っています。

4 認知症の本人だからできること

1 認知症になったからこそわかること、できることがある

私たち専門職が認知症の人の気持ちや体験を理解しようとしても、実際に認知症になって感じるつらさや困難さを体感できるわけではありません。たとえある程度、本人の心情・心理を理解し心理的支援を行えるようになったとしても、認知症の本人でなければわかり得ない部分がやはりあります。また、本人側からはそういう思いで支援者を見ていることが多いのではないかと感じます。

しかし、その支援者が認知症の本人であった場合はどうでしょう。当事者が本人をサポートする「ピアサポート」、その一つの形としてカウンセリングを行う「ピアカウンセリング」という支援方法が、認知症の領域でも注目されています。支援者からの勇気づけは安易な気休めに聞こえ、余計に疎外感や孤独感を感じさせてしまう場合があります。しかし、それが当事者からであれば、当事者同士でしかわかり得ない気持ちにも共感でき、疎外感や孤独感を感じさせることにはならないでしょう。まさに、認知症の本人だからこそわかること、できることがあるといえます。本人にしか

もち得ない力があるのです。したがって、この本人が本人とつながることでの支援（ピアサポート）は、非常に重要で意義あるものだと考えています。

2 相談員として病院に勤務して行うピアサポート ―本人同士のつながりによる支援

私が勤める病院でも、ピアサポートを認知症カフェで行っています。当院の認知症カフェは、通常、毎週金曜の午前10時から午後3時まで開いています。２０１４年より運営を開始しましたが、２０１７年６月には、当時からカフェ利用中の認知症の本人である渡邊康平さんを相談員として雇用し、渡邊さんによるピアカウンセリングを開始しました。

当院の場合、利用前にまず、もの忘れ外来で本人の状況などを把握します。そして、認知症に対するイメージの悪さ、誤解や偏見などについての説明を行い、できるだけ認知症観の改善を図ります。その後、ピアカウンセリングが望ましいと思われる人に認知症カフェを紹介しています。通常は、初回参加の際には渡邊さんとのピアカウンセリングが認知症カフェの別の個室で行われます。そして、その後は、ほかの参加者とともに過ごすという形になっています。同じ人に対して、何度も日を改めて行うこともあります。

認知症の診断を受けた人には、能力低下への不安や気分の落ちこみとどのように向き合い、どのようにつきあっていくのか、自分らしく暮らすためにはどうすればよいのかなどの悩みや課題があります。渡邊さんは認知症カフェを、そのヒントや気づきを得られる場にしています。また、絶望ではなく希望をもつことができる認知症カフェづくりを、渡邊さんたち認知症の人とともに行ってきました。

写真3-1　認知症カフェの一室

写真3-2　認知症カフェでの当事者交流の場面

3 ピアカウンセリングの実際の状況と意義

Dさん　70歳代　男性　アルツハイマー型認知症

4年前の春ごろから行事予定を忘れるなどのもの忘れがあり、近くの病院で認知症と診断され、抗認知症薬の投与開始。その後、同じことを何度もたずねるようになるなど、もの忘れが悪化し、同年秋に当院へ紹介され、受診し前記診断。以後、当院通院中であったが、認知症カフェや渡邊氏のことを知り、ピアカウンセリングに参加することになった。

初回参加時には運転免許証の返納について渡邊さんに相談し、その後、それについては納得していました。少し認知症カフェに慣れてきた3回目の参加の際の会話の一部を紹介します。

渡邊さん：「(前略) 人によってレベルが違うんや。ある程度わかっていく部分もあるし……これはどうしようもない」

Dさん：「それが病気の特徴というか、そういうことでしょうかな」

渡邊さん：「そういうふうな症状になるんだけど、それはもう苦にせんと、まぁ、あと何十年も生きられるもんでもないんで、息しよる間は、体が動きよる間は、けっこう楽しんでいくというかな。もう苦にしないというぶんで、あとは気持ちよくやっていく。そういう考えでおるんです」

Dさん：「そうせなんだら、先生が言いよることも頭に入れて帰ろうと思ったらものすごくえらい（しんどい）。（中略）ほんだらまぁ自分なりに一言でも印象に残ったことを書いとったら、これ言いよったなということを思い出すかなと思って今日はじめてこれ（手帳）書くようになった。その程度のことしかまだ浮かんでない。貴重な時間をこうやって会わせてもろうて、申し訳ないことしよると思っとる」

渡邊さん：「いやいや、それはもうな、ほんと僕もどんどんどん消えていきます。（中略）話したことが、あそこでこうこうやったというぶんがほとんど残らんのです。残らんかったらつまらんがというふうに思わないことにしとんです。いちいちこれは、わしはだめだと思いよったらほんまにだめになるけん」

Dさん：「心が、気が楽になったかな。私も同じことを思いよんです。具体的に題名だけでもメモしとって、そのなかのなんぼかの話聞いたなかで思い出して、こういうこと言いよったなということを一つか二つかでも言えたら、それで成功かなと。そう思いよん。そう思ってくるようになったんです」

このピアカウンセリングでは、まず渡邊さんがこれまでの体験のなかでいろいろと感じてきたことを語っていきました。そして、お互いにそれぞれの想いに共感しながら会話が進んでいきます。そのなかで、Dさんが自分の状況や認知症を少しずつ受け入れていく様子がうかがえました。できないことへのとらわれを軽くしながら、いまの自分の状態にOKを出せるようになっていきました。認知症カフェ訪問前のDさんは、もの忘れやできなくなったことに対していら立つなど、悪い部分ばかりに気を取られ、前を向けない状態でした。今回のピアカウンセリングが、Dさんにとって、自分の状態と折り合いをつけながら、自分なりのとらえ方や考え方、前向きな生き方を獲得していくための出発点になっているようでした。

このように、渡邊さんとのピアカウンセリングでは、まず渡邊さんが認知症診断後の自分の苦しい体験や想い、考えを語ります。それを聴くと、つらいのは自分だけではないと感じることができます。孤独感や不安が軽減して安心感をもつことができ、しばらく感じられていなかった人と人とのつながりも感じられるでしょう。また、渡邊さんの元気な姿に希望や勇気を与えられ、絶望感やあきらめなど強いネガティブな感情も和らぎます。そして、Dさんのように自らも発言をしながら、互いに共感しつつ自分の状況を少しずつ受け入れていく様子がみられます。もの忘れなど能力低下へのこだわりや不安が強かった人が、そうではなくなる場合も少なくありません。

ピアカウンセリングは前を向いて生きていくための「人生の再構築」の起点、あるいはそれを支え続けるものにもなる可能性があるといえます。また、双方向のものであり、渡邊さん自身も元気をもらっています。渡邊さんは、ここで働くことで達成感、満足感を得ることができ、それが自分の生きがいになっていると語っています。

4 認知症の人こそが悪い認知症観や能力偏重主義的な人間観を変えることができる

最近、認知症の人に、最初の診察の終わりごろにしばしばお願いしていることがあります。それは「堂々とお世話になって、堂々と迷惑をかけてください」ということです。

これは、年齢層別の認知症有病率や認知症観の改善の説明をした後に行います。本人か家族が女性の場合は「女性の場合は、65歳の平均余命が24・6歳で、まだ伸び続けています。90歳まで生きられるのがふつうということになります。80歳代後半では44・3%の人が認知症ですが、女性のみの場合はもう少し高く、ほぼ半数です。なので、女性は高齢者になった時点で認知症になる確率は、いまでも半々で、将来は寿命が延びてそれ以上になり得るということです」と説明します。

その後に、「医療が発達して、とても長生きできる時代になり、まだ平均寿命が延びています。今後は、早いか遅いかの違いはあっても順番に認知症になり得る時代なのです。多くの人が60～70歳代で亡くなり、認知症になるのが一部の人という時代なら、〝恥ずかしい〟と思うのはわかります。しかし、もうそういう時代ではないのです。なのに、長生きして順番に、お世話になるのは恥ずかしい、申し訳ないという気持ちにならないといけないのでしょうか?」と続けます。

そして、子や孫がいる人には、「認知症になって、恥ずかしい、情けない、迷惑をかけたくないと思っていては、将来もっと長生きするお子さんやお孫さんたちも同じ気持ちにならないといけなくなります。それはいやではないですか?」と問いかけます。すると、もちろん「それはいやだ」と言う人がほとんどです。

そこで、「いやでしたら、ご子孫が困らないように、そういう考えはいま変えてください。このままですと、みんな安心して長生きできません。でも、もし○○さんがそういう考えを変えてくださったら、お子さんもお孫さんも、また私たちも将来、たいへん助かります。ですから、堂々と迷惑をかけて、堂々とお世話になっていただきたい。〝忘れるからよろしく〞〝できなくなるから頼んだよ〞という感じでお願いします。そうでなければみんなが困りますので、ご自身だけのためではなく、お子さんお孫さん、そしてこれからさらに超高齢社会となる日本のためにもお願いいたします」などと話し、本人に頭を下げます。

そして、「負い目や罪悪感を感じないでいただきたい。でも、感謝の言葉はご家族にかけていただいて、〝申し訳ない〞ではなく、〝ありがとう〞という気持ちをもっていただけませんか。そういう気持ちを親子、家族で次々とつなげていってください」ともお話しします。

堂々と認知症というハンディキャップとともに生きる認知症の人こそが、悪すぎる認知症観、そして認知症に限らず能力偏重主義的な人間観、人生観を変えることができると思うのです。超高齢長寿社会、人生100年時代の生き方を、子孫や日本の将来のために、家族、地域、日本の社会に提示してもらいたいと思うのです。堂々と、そして楽しく生きがいをもって生きる姿を、身をもって示すことで、高齢期の人生や人間のとらえ方を、時代の変化に応じたものへと変えていく、先導的役割を果たせると思います。

5 医療は認知症の人に何ができるか

1 現在の認知症医療の課題と可能性

認知症医療において、診断や薬物治療はもちろん重要な役割であり、しっかりと行うべきことです。しかし、通常、認知症は治せるものではなく、それだけでは医療は十分に役に立てません。そして、「早期診断・早期絶望」「空白の期間」といわれる問題を指摘されるなど、いまの医療は認知症の人に対して、まだあまり役に立っていません。また、医療施設によって支援の質の格差が非常に大きいのも重大な問題です。これらの問題を放置せず、解決していくためにも、医療における支援のあり方を医療者自らが考え直す必要があると思います。

一方、すでに一部の医療者のなかでは、不安や混乱、抑うつなどに対する精神療法的アプローチの有効性や、本人の想いを理解しそれを支援につなげていくことの重要性が叫ばれるようになっています。現在でも認知症医療でできることは、診断や薬物治療以外にも実はたくさんあると思います。したがって、医療者がその可能性に気づき、「投薬以外にやれることがあまりない」といった認知症医療への負のレッテルを、自らはがしていくことが求められます。それができれば、認知症医療の真の価値や意義を感じ、医療者自身のやりがい、自己効力感の向上にもつながるでしょう。私自身やまわりの医療職をふり返ってみても、医療職に潜む可能性、これからの伸びしろはとても大きいと思います。

2 認知症医療ができること

❶ 認知症の診断、薬物治療および身体管理

認知症の人に対して医療が行ってきたのは、主に認知症の診断、薬物治療、身体管理などです。これらも必要なことですが、これだけで役割を果たせたとはいえません。

❷ 非薬物的治療・アプローチ

非薬物的治療・アプローチについては、医療以外の分野でも「回想法」「音楽療法」「バリデーション」「動き出しは本人から」などが行われています。通常、医療が行う精神療法については、まだ十分な内容で行われていないのが現状ですが、専門書も出ており、最近注目されてきています。今後は、本人の自己像、自己評価、周囲との関係性などにも、よい影響を与えるものとして発

展が期待されます。非薬物的治療・アプローチのなかで、現在でも認知症の人に役立てられるものとして、私は以下のことを行っています。

1　悪い方に偏った認知症観の早期からの改善

支援者として最初に認知症の人にかかわるのは、多くの場合医療職でしょう。「早期診断・早期絶望」の防止、改善にも大きな効果があるものと考えます。私の場合は、通常、初診時に本人と家族に対し、認知症の偏見や誤解について説明し、できるだけ認知症観の改善を図ります。その理解の程度なども測りながら、本人への告知の是非を判断しつつ説明を進めています。

臨床経験上、認知症観の改善の説明と本人への告知は可能な場合が少なくありません。告知によるダメージも、以前より軽減できていると思います。悪すぎる認知症観、年齢層別の有病率や認知症の人のさまざまな現状などの説明によって、認知症もがんと同様にさまざまな程度、状態の場合があり、皆が（あるいは急に）その悪いイメージどおりになるわけでもなく、一部の人だけがなるわけでもないこと、進行がゆっくりの人も案外多くなっていること、などを理解できるようになります。これらの説明を受けて、「気が楽になった」と言う本人もまれではありません。

この説明で家族も安心する場合が多く、本人への叱咤激励は不要で不適切だと感じやすくなります。また、家族が本人だけの問題ではなく自分も将来、認知症になり得ることを感じ、将来の自分自身の問題であることを意識すると、家族が本人の立場に立って一緒に考えやすい状況を生むことになります。これは間接的ですが、本人への大きな援助につながります。

2　家族への心理教育

家族への心理教育は認知症の人への間接的な支援となります。通常、認知症観の改善について説明した後、本人の心情・心理についての説明も行い、家族だけでなく本人もつらい状況であることを家族に理解してもらいます。

家族によるもの忘れなどの指摘、訂正、注意や叱責が多い場合、本人の不安が増強し、心理状況が悪化します。これにより、行動・心理症状の発生・悪化を生じ、ストレスのぶつけ合いになってしまう場合もあります。まず、この状況を予防するためにも、初診時から家族の心情にも理解を示しながら、可能な限り本人の心情・心理を代弁し、本人が置かれている状況の理解を家族に促すよう努めています。そして、家族も注意や叱責をした後に、罪悪感をもつことが少なくありません。これがくり返されると、本人のみならず家族の自己否定感も生じ、また介護の負担感、否定感が大きくなり、本人への支援にもよくない影響を与えるでしょう。

家族への説明の際には、本人との人間関係・葛藤や負担感のほか、家族の性格、理解・判断力、認知症観、介護観、人間観なども把握しながら、面接時の反応を見つつ、押し引きして進めるよう気をつけています。家族にある程度余裕のある場合は、本人のできること、やりがい・楽しみ・満足を感じられることなど、よい部分を活かすよう協力を求め、それが本人と家族両方の自己肯定感の向上につながることを説明します。

③ 認知症の本人との連携、協働による支援の向上

心理的サポートのなかで、ピアサポートは非常に重要な位置を占めると思います。そして、さらに医療スタッフとの連携が加わることによって、より効果的なサポートが可能になります。

当院では、外来診療での本人の情報を、前述の渡邊相談員にも事前に伝えて、ピアカウンセリングの際に活かしてもらっています。具体的には、認知症の程度、心理状態、認知症の受け入れ状況や家族との関係などについて伝えます。また、毎回の認知症カフェ終了後のふり返りや月1回のカンファレンスで、「本人相談員」と意見交換を行い、認知症カフェ利用者の一人ひとりのサポートについて、意見や考え方などをできるだけ共有しています。

また、認知症カフェでは、スタッフが本人同士の会話を聴くことや、本人とスタッフとの会話・交流もできます。話しやすい雰囲気の場では、ふだんは話さないような内容の語りや想いの吐露が聴かれることがあり、スタッフにとっても非常に貴重な体験、学びの場となっています。いつもとは違う本人の語り、表情や態度から、その人の心の状況を理解しやすくなり、本人の立場から考えやすくなります。「こんなことを思っておられたのか」「こんなに話せるなんて」などとスタッフも驚き、本人の能力を低くみていた自分と、本人の可能性に気づきます。スタッフ自身の成長にもつながり、この気づきを支援に活かし、さらに向上させていくことができます。

そして、地域への支援に関しても、本人とともに行う地域住民への啓発や、地域での本人と専門職等との連携への関与など、医療が地域のなかで本人とともにできることはあると思います。

認知症の本人にしかできないことと、医療にしかできないことの両方がありますので、連携、協働、支え合いなどを行い、相補いながら、認知症の人への支援を行っていく必要があると思っています。そして、「認知症の診断、薬物治療および身体管理」以外の「医療ができること」に取り組む医療施設が、今後、増えてくることを願っています。

引用文献

1）トム・キットウッド著、高橋誠一訳『認知症のパーソンセンタードケア――新しいケアの文化へ』236頁、筒井書房、2005

参考文献

・藤田和子『認知症になってもだいじょうぶ！――そんな社会を創っていこうよ』メディア・ケアプラス、2017
・丹野智文著、奥野修司文・構成『丹野智文　笑顔で生きる――認知症とともに』文藝春秋、2017
・山崎英樹『認知症ケアの知好楽――神経心理学からスピリチュアルケアまで』雲母書房、2011
・斎藤正彦「認知症診療における精神科の役割」『精神神経学雑誌』第116巻第5号、388―394頁、2014
・石原哲郎『なぜ、認知症のある人とうまくかかわれないのか？――本人の声から学ぶ実践メソッド』中央法規出版、2020
・繁田雅弘『認知症の精神療法――アルツハイマー型認知症の人との対話』HOUSE出版、2020
・木之下徹『認知症の人が「さっきも言ったでしょ」と言われて怒る理由――5000人を診てわかったほんとうの話』講談社、2020
・高橋幸男「心理教育（サイコエデュケーション）」、深津亮ほか編著『くすりに頼らない認知症医療Ⅰ』ワールドプランニング、2009
・大堀具視編著『利用者の思いに気づく、力を活かす「動き出しは本人から」の介護実践』中央法規出版、2019

第4章

認知症のある人とのかかわりから学んだこと

石原哲郎（いしはら・てつろう）

1976年、愛知県生まれ。脳と心の石原クリニック院長、医学博士。医師免許を取得後、救急病院での研修・診療の経験を積み、神経内科専門医、認知症専門医となる。認知症当事者のピアサポートの立ち上げや認知症の人が診察の場で患者さんにアドバイスをする「診察陪席」を行うほか、立場にかかわらず水平な関係で話し合える場である「T's Gathering Café」を主催。著書に『なぜ、認知症のある人とうまくかかわれないのか？——本人の声から学ぶ実践メソッド』（中央法規出版、2020年）がある。

1

医師としてのこれまでの20年間

セレンディピティ（serendipity）という言葉があります。この言葉は、「予期していなかった偶然によってもたらされた幸運」とか「幸運という偶然を手に入れる力」のようなニュアンスで使われています。私は、思えばたくさんの失敗をくり返し、その一つひとつの出来事に折り合いをつけながら生活してきたように思います。医師になって20年間の経験はいずれも何かの糧になっていると思います。

1 急性期病院での経験

大学を卒業して医師免許を取ってから、7年近く急性期病院で脳神経内科医として勤務しました。私は元来、怠け者でしたが、医師として働くからには何でも診断できるようになりたいと、県内屈指の救急病院を研修先に選んでしまいました。しかし、そんなに要領がよいほうではないので、思いどおりにいかないことも多く、周囲の人にたくさん助けてもらい、何とかその時期を過ごしてきました。身体も強いほうではないのに、最高で1か月に13回の当直（朝8時から翌日の18時ごろまでの勤務）をこなさなければならなかったこともあり、到底、身体がもたない状況でした。

研修医2年目の終わりには専攻を決める必要があります。私は少ない患者さんをじっくりと診ることができる内科として、脳神経内科を選びました。ところが、私が入局してしばらくすると、薬を使って脳梗塞の血栓を溶かす療法である「血栓溶解療法」が保険適用になりました。脳梗塞の治療としては画期的なもので、脳梗塞発症から3時間以内に静脈注射（点滴）で薬を投与すれば、後遺症の発生も軽減できるようになりました。つまり、以前であれば、重度の麻痺になってしまうような人が、歩いて帰宅することができるようになったのです。しかし、適応が非常に狭く、効果的に使用するには脳梗塞発症後なるべく早く処置することや、専門知識が必要であったため、毎日のように病院から呼び出しがありました。

2 認知症の研究

医師7年目からは、研究生活に入りました。大学院では縁あって認知症の研究を行うことになりました。具体的には、パーキンソン病や肝硬変などの内科疾患でみられる認知機能の低下や治療可能な認知症疾患を鑑別する研究などを行いました。

この研究生活のなかで、認知機能が低下した重度の肝硬変の患者さんについて、「生体肝移植を行う前後の認知機能を検査する」という貴重な経験をすることができました。この患者さんは、生体肝移植を受けた後、低下していた認知機能が「正常」に戻ったのですが、術後に話をするなかで、私としては術前に「きちんと伝え、伝わった」と思っていたことが、実は、本人には十分に伝わっていなかったということがわかりました。このとき私は、認知症の人を含め、認知機能が低下した人に対して、本人がわかるように必要な配慮をしてこなかった自分、つまり、術前の本人を「十分に理解できる人」とみていなかった自分に直面することになりました。

3 パーソン・センタード・ケアとの出会い

大学院を出た後は、再び急性期病院への勤務を命ぜられました。多くの患者さんを同時に診ていかなければならない救急外来を抱えながらの日々です。多くの患者さんを診て、ひたすら診療を続けていることに疑問を抱いていたとき、「パーソン・センタード・ケア」に出会いました。

「パーソン・センタード・ケア」は、認知症のある人との関係性に焦点を当てた認知症ケアの理念です。改訂長谷川式簡易知能評価スケールを開発し、長年にわたり日本の認知症医療の中心を担ってきた長谷川和夫先生により日本に紹介されました。それまで、認知症という病気に対して「治療」という視点からしかみていなかった私は、医師として何の貢献もできないと思いこんでいましたが、「パーソン・センタード・ケア」の理念に出会ったことで、「周囲の人との関係性を通して生活機能の改善を図る」という、より大きな枠組みでとらえる視点に気づくことができました。そして、医師として「できること」と「すべきこと」が私のなかで、明確になっていきました。

急性期の脳神経内科疾患の治療を数多く経験した、修行のような日々があったからこそ、私は認知機能のメカニズムを本人や家族に明確に説明することができるようになりました。また、生体肝移植の前後の認知機能の研究および患者さんとの出会いは、認知症の人に対する治療の重要性を学ばせてもらったと同時に、自分自身の偏った見方に気づくきっかけになりました。そして「パーソン・センタード・ケア」を学んだことにより、本人に表れている症状には、病気に起因するものと、元々の人間関係や環境に起因するものとが混在していることを伝えることができます。これらの経験があってこそ、本人とともに歩む、いまの自分があるのだと思います。

このような経験を経て、後遺症があっても、希望をもって新しい暮らしを始めていくための診断後支援をしたいと考えるようになりました。

そしていま、次の三つのことを大切にしながら、地域のなかで医師という仕事を続けています。

1）本人の心情への配慮
2）かかわりは本人との対話から
3）本人と一緒に活動する

2 本人の心情への配慮

1 祖父の散歩

私の祖父は薬剤師でした。本当にまじめな勤め人であったそうです。そして勤務先までの長距離を歩くなど、健康にとても留意していました。靴底が減らないようにと釘を打つほどたくさん歩いていたそうです。退職後も健康のためによく散歩をしていましたが、しばらくして、散歩から帰る時間が遅くなり、そのうち家に帰ることができなくなりました。時にはパトカーで帰ってくることもありました。

家に帰ることができない状況が続くようになると、祖母が散歩についていきました。祖母は「この店に行って、あそこに行って、そして帰ろうとして方向がわからなくなったようだ」などと説明をしてくれました。私が学生時代の、まだ医療やケアにかかわる前のことですが、なぜかその話を聞くのが好きでした。その後、祖父は、病院で「痴呆症」（当時）と診断されました。そのころは、高齢者の嚥下機能について全く知らなかったので、食事介助をして、誤嚥性肺炎を起こさせてし

まったこともありました。それでも、祖父との時間は私にとってかけがえのないものでした。

それから転倒をくり返しながら3年ほどが経過し、入浴中に浴槽で沈んでいるところを発見されたのを機に、入院することとなりました。祖母は毎日、往復2時間かけて祖父に会いに行っていました。

祖父の晩年、私は遠く離れた地で大学の医学部に通っていました。医学生とはいえ、まだ教養部でしたから、医学のことは何もわかりませんでした。祖父は何年にもわたり同じベッドで過ごし、亡くなりました。祖母は最終的には「やりきった」と思ったようです。いま思うと、祖父は認知症専門医には、一度も診察してもらっていませんでした。入院するまでの祖父は、私から見て家長として立派でした。

祖父は私が中学生のころからトイレの失敗や常同的な行動、「皿をなめる」などの行動がありました。しかし、祖母は、祖父が食後に皿をなめる行動について、私には真似をするなと注意しながらも、「おじいちゃんは戦争のころを思い出して、物を粗末にするなと教えているんだよ」と言っていました。私は医者になるまで、その言葉を信じていました。祖母は祖父の行動の意味を肯定的にとらえていたので、結果として祖父の尊厳が守られていたのだと思います。

祖父とのかかわりをふり返ると、認知症の人の心情に配慮し、本人の尊厳を守ることの大切さを改めて感じます。祖父との思い出は、診断すること、尊厳を守ること、医療を提供することの大切さを常に考え、認知症の人の心情に目を向けて配慮するという、私の医師としての姿勢の原点になっています。

2 「徘徊」といわれることへの抵抗

祖父の行動を「徘徊」という人がいると思います。徘徊は、医学用語ではなく、「あてもなくさまよう、うろうろと歩き回る」という意味の言葉です。祖母の語りから伝わってくる祖父の行動は、「徘徊」と表現するには、ためらいがあります。散歩に出た後、家への帰り方がわからなくなったのです。そして祖母は家に帰ることができない祖父に、ついて歩いていました。祖父は入院するまで、ずっと散歩を続けていました。

私は、認知症のある人でも自由に外出したらよいと思っています。しかし「一緒に歩いてくれる人がいない人はどうするか」「事故にあったらだれの責任になるか」など、きれいごとでは済まないと考える人も多いと思います。私の患者さんには、家から20～30km先まで歩いて行き、道に迷って家に帰れなくなる人もいます。

家族などの介護者から「道に迷って帰れなくなる」という相談は多くあります。「どうしたら外を出歩かないようにできるか」「何とかして（薬で）行動を止めてほしい」という相談が本当に多いです。一方で、同じように外出して帰れなくなっても、迷っていたら近所の人が声をかけてくれて、自宅に帰ることができたという話もよく聞きます。

道に迷う人が暮らすことができる地域と、できない地域があるようです。何が違うかというと、これは推測ですが、家族や専門職、地域住民の認知症のある人に対する考え方が違うのではないでしょうか。

認知症のある人を外に出さないようにすることを求める声は、地域だけでなくソーシャルメディアにもあります。こういった声や、声なき圧力のようなものが、本人のやりたいことをないがしろにし、「周囲の人のリスクに対する不安」に過剰に配慮した本人へのかかわりにつながってしまっていると思うのです。

3 医師として心がけていくこと

祖父は、私が医師になることを望んだ一人でもあります。認知症になり、私が医師になるのを見

届けてもらえなかったことはとても残念ですが、晩年の祖父の姿は、私の脳裏に焼きついていま
す。祖父の姿は、ありし日に、一緒に散歩をした思い出とともに心に残っています。

その人の尊厳は、その人自身がもっているもので、自分で守っていくものです。しかしその尊厳を自分自身で守ることがむずかしい状況になったときには、周囲の人により守られるようにしなければなりません。

祖父は、認知症になっても、尊厳をもつ「ふつうの人」でした。脳の障害によって起こる日常生活上の不具合に対して、単に「やめさせる」「止める」という対応をしていたら、祖父の尊厳は守られなかったと思います。さらに、認知機能の低下による日常生活上の不具合を正しく分析して、適切な工夫や合理的配慮をしていたら、祖父はどんな生活を送れただろうか……、そんなことを考えます。そして、そのような配慮がなされることが、あたりまえの世の中になればと思い、活動を続けています。

祖父の心情にまなざしを向けつつ、認知症と診断された人が、自尊感情を保ちながら地域で生活し続けられる方法を、一緒に考えていきたいと思います。

3 本人との対話から生まれたこと

1 短歌を通して認知症のある人の心を知る

ここでは、本人の話を聴くことから得られた気づきについて、80歳代の女性Eさんの事例を紹介しながら伝えたいと思います。

「夜寝ないんです……」と、Eさんの長女から相談がありました。「夜11時ごろまで私の後ろをつきまとって、寝室に連れていっても寝てくれません。寝たと思ったら午前3時に起きだしてパタパタと廊下を歩いています。音が変わったと思ったら下足で廊下を歩いていました。夜、寝られません。何とかしてください」そんな相談でした。Eさんは、私が言葉をかけても話をしなかったことを記憶しています。

診察では、最近のエピソードが覚えられない「近時記憶障害」や、時・場所などがわからなくなる「見当識障害」、道に迷う「空間認知機能障害」があると診断しました。また、歩行が不安定で、ややろれつが回っておらず、脳梗塞などの合併が疑われました。いくつかの検査をした結果、アルツハイマー型認知症と脳血管性認知症の合併と診断しました。

しばらく認知症に用いられる薬や睡眠薬などで治療を行いましたが、夜、眠れるようにはなりませんでした。私の処方した睡眠薬は、原因を解決するには合っていないようでした。そこで、夜、眠れずに不安そうに歩いている状況を打開すべく、病院や利用施設のスタッフ、Eさんの長女とともに話し合いを行いました。

Eさんは、長野県の生まれで、結婚を機に三重県に移住したこと、故郷は大好きだけれど足腰が悪いのでもう行くことはできないと思っていること、短歌を詠むのが好きなこと、人と一緒にいることが好きで、ひとりでいると不安になることなどがわかってきました。また、もともとの性格は、とてもきちんとした人で、人に対して配慮を欠かさない人であったそうです。4年前に夫に先立たれ、1年前に転倒して入院したことを契機に、長女の自宅で暮らすようになったという状況も明らかになりました。

長女がよく話をする人なので、自宅で気になったことを「介護日記」に書いてきてもらい、私は、それに目を通したうえでEさんと話をするという形をとりました。そうしながら投薬を調整していきました。このような試行錯誤を重ねるなかで、Eさんの気持ちを汲み取るようなケアや医療ができないかと考えていたのです。

Eさんは、徐々に睡眠がとれるようになり、その結果、家族も安心できるようになりました。またEさんと私との関係も和やかなものとなり、診察室で笑顔が見られるようになりました。短い時間ではありますが、趣味の話などもするようにしました。

初診から3か月後には、Eさんは、伝統ある短歌雑誌を持ってきて「自分は載せたことがあるんだよ」と見せてくれました。そこには、「幹太き　槻《つき》の梢《こずえ》の繁《しげ》みより　きびたきの声　降り来るあした」と書かれていました。キビタキというのはスズメ目のかわいらしい鳥です。まるでその情景が目に浮かぶような短歌に私は感動して、「とっても素敵ですね。ぜひ、また書いてきてください」と伝えました。するとEさんは、翌月の診察に次のような短歌を書いてきてくれました。

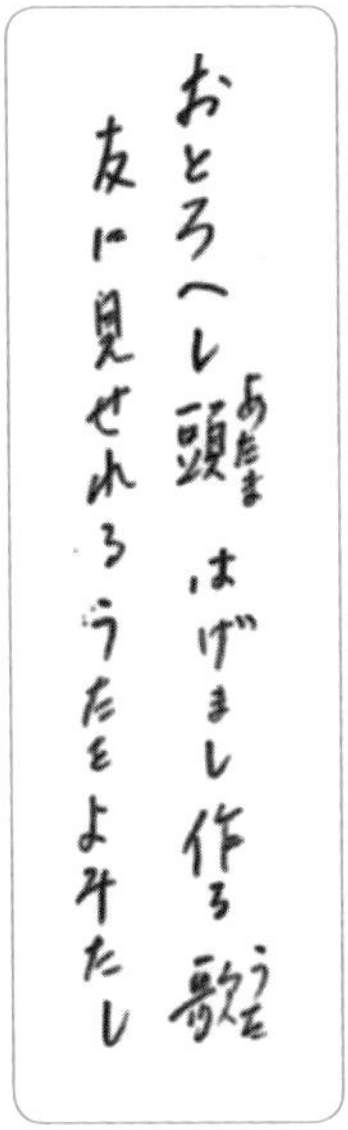

おとろへし頭《あたま》はげまし作る歌《うた》
友に見せれるうたをよみたし

私たちは、Eさんの短歌にあるような「頭のおとろえ」というものを、本人が感じていることを理解しようとしていただろうか、また、その心情に本当に寄り添えていたのだろうか、そもそも聴こうとしていたのだろうか、そんなことを考えさせられました。この事例では、Eさんの医療面だけでなく、生活面についても聞くことで、知らず知らずのうちに自尊感情を高めるようなかかわりができたのかもしれません。

あるとき友人に、このエピソードを伝えたところ、「〝友〟というのは先生のことじゃないですか?」と言われました。私にとって、病気がきっかけの出会いであっても、友人と言われることほどうれしいことはありません。Eさんは、私の心をも癒してくれました。

2 医師として心がけていくこと

Ｅさんとの出会いを通して、寡黙な人であっても、本人が話しやすい環境を整えることがたいへん重要であることに気づきました。認知症が心配で来院した人の診察では、家族ばかりが話すことも多いです。しかし、本人と良好な関係を築くためには、まず本人に話を聴くことが大切です。本人の話を聴くことから始めると、本人の困りごとや、やりたいことを聴くことができます。それが家族の負担感の軽減にもつながっていきます。

認知症のある人の生活に、何らかの問題がある場合には、脳の病気だけではなく、身体の健康状態、生活歴、性格傾向、環境や人間関係などの社会・心理的な側面についても聞いています。このとき、ゆっくり語っていただくことで、その人をより深く理解し、本人の困りごとの解決の一助を提供することができるのだと思います。このアプローチ方法はパーソン・センタード・ケアのなかのパーソン・センタード・モデルというものです。

なかには家族との関係性が悪化している事例もあります。そんなときは、ぜひ、「おれんじドア」など、本人同士の出会いの場をコーディネートしてもらいたいと思います（123頁参照）。そして家族には、私たち専門職や介護を経験した別の家族と話をしてもらいたいのです。

3 言語を超えたコミュニケーションの大切さ

次に紹介するFさんは、もともと大企業の役員をしていました。60歳で退職後、社会貢献活動を活発に行っていましたが、67歳ごろより老人会の会計が合わない、行動を億劫がるなどの状況が見られたほか、日常生活が非常に規則的になってきました。浴室の扉を2時間にわたり開閉し続けるなどの特定の行動を続けるような症状も見られました。

診察では、相手の行為や発言を真似してしまう「反響行為」が見られ、私が手を挙げるとFさんも手を挙げるなどの行為が止められない状況でした。また、言語についても「今日の天気はよいですね」と私が言うと、Fさんも「今日の天気はよいですね」とくり返しが目立ちました。そのほか、車のナンバーを読み上げたり、目の前に爪切りがあれば爪を切ってしまったりするような症状も見られました。自分の言いたいことは頭ではイメージできているようですが、言葉が出てこない様子もありました。Fさんには、大学病院に入院してもらい、画像検査なども含めて総合的に判断して「前頭側頭型認知症」と診断しました。

退院後のFさんは、当初は自分でコーヒーを淹れたり、散歩に行ったりすることも、日々のルーチンであればできましたが、徐々に症状が進行して、日中、自宅で目が離せない状況になりました。そこで介護保険を申請して、ケアマネジャーから勧められた二つのデイケアに通うことになり

ました。

デイケアに通い始めて3か月が経ったころ、Fさんの妻が深刻な表情で相談に来ました。「Gデイケアでは楽しそうにしていています。でもHデイケアでは玄関に座りこんで動こうとしないのです。排泄でも失敗します。連絡帳には『落ち着きがない。帰ろうとする』と書かれています。どうしたらよいでしょうか」ということでした。

私は、Fさんの妻に、二つのデイケアの違いを聞いてみました。Gデイケアでは、介護職がFさんと一緒に、塗り絵やパズルなどの楽しそうなワークをするなど、個別の対応をしていました。一方、Hデイケアでは、言語機能を維持することを目標として取り組んでいました。どちらのデイケアも、とても人気があるのですが、Fさんの場合は、最終的にはGデイケアのみを継続利用することで落ち着きました。自身の置かれている状況について、言語で十分に伝えることができないFさんは、玄関に座りこむという行動を通して、居心地の悪さを伝えようとしていたのだと感じました。

Fさんの場合は、失語症により、本人の意志がわかりにくい状況がありましたが、この点について、私たち医療スタッフと、デイケアの介護スタッフとの間で情報の共有が十分にできていませんでした。言語障害があるからといって何もわかっていないわけではありません。特に、絵カードなど、視覚的に訴えるコミュニケーションツールを活用することで、本人の意思が表出しやすい環境を整えることもできたかもしれません。また、身体にふれたり、パントマイムを活用するなど、Fさんにより適したコミュニケーション方法を提案していく大切さを学びました。

4 失語症のある人とのコミュニケーション ―トーキングマットの活用

トーキングマットは、もともとスコットランドにあるスターリング大学で、発達障害のある児童とのカードを用いたコミュニケーションツールとして開発されました。現在は認知症の人のコミュニケーションツールとしても用いられています。英語版のみならずドイツ語版も開発されており、オンラインやタブレット端末でも利用可能です。最近、日本語化され、トーキングマットを広めるためのクラウドファンディングで成功を収めました。

スコットランドの認知症の当事者ジェームズ・マキロップさんは、トーキングマットの開発者で言語聴覚士のジョアン・マーフィー博士の研究に協力して新たなツールの開発を行っています。つまり、研究者、認知症の本人、家族が協力して、新しいツールを開発しているのです。ジョアン博

写真4-1　認知症のある人とのトーキングマットを使ったコミュニケーション

士によると、ジェームズさんをはじめとした認知症の人との共同研究を行うことで、ツールが認知症の人にとってわかりやすいものになったとのことです。

　スコットランドに留学した際に、私はこのツールについてジェームズさんやジョアン博士から学び、帰国後も、認知症の人とのコミュニケーションに利用しています。これらのカードは、項目は英語で書かれていますが、イラストはとてもわかりやすく、言語を越えて理解することが可能です。写真4―1は、実際にトーキングマットを活用したコミュニケーションの結果です。このときの患者さんは、80歳代の男性で、失語症状がありますが、トーキングマットを用いて、「自宅での好きな過ごし方」をうれしそうに伝えてくれました。

　先ほどの事例のFさんもそうですが、「言語」によるコミュニケーションにこだわることなく、絵カードやジェスチャーなども活用した非言語によるコミュニケーションにも目を向けることが大切です。それは、今後、より身近になる外国人の介護職員とのコミュニケーションにも共通する視点といえるかもしれません。

4 本人と一緒に活動する

私は、さらに本人の心情への配慮を学び、本人との対話を心がけたことにより、本人と一緒に活動する人の存在が、診断後の不安を和らげ、笑顔で生活するヒントを得ることにつながっていることに気づかされました。

1 「おれんじドア」による活動から診断へ

仙台市には、「おれんじドア」という認知症の当事者による当事者のための相談窓口があります。月に1回、東北福祉大学ステーションキャンパスのカフェで行われています。丹野智文さんが実行委員とともに企画し、現在6年目になります。ここでは、複数の認知症の当事者と専門職が水平な関係性を築き、積極的に活動しています。私も実行委員のメンバーです。

鈴木理さんと私との出会いは、この「おれんじドア」でした。

鈴木さんは、もともと介護福祉士として福祉施設で働いていました。しかし、徐々に仕事の手順が覚えられない、利用者の名前と顔が一致しないなどの不自由さが出てきました。勤務時間を間違えないように、何度もシフト表を確認しなければならず、休みの日も「本当に休んでよかったのだろうか」と、心配の尽きない毎日を送っていました。業務のなかでも、特に「介護記録」に困難を生じるようになりました。書こうとしても漢字や日付が思い出せず、スマートフォンで調べながら記録していたため、ほかの職員には怪訝な顔をされていたそうです。鈴木さんは「さぼっていると思われていたのではないか」と回想しています。

最初に行った病院では、甲状腺機能低下症が原因の橋本病ではないかと診断されていました。しかし、治療を行っても症状の改善がみられませんでした。働いていた施設では、ミスを指摘されることが多くなり、居づらくなったため、現在の職場である、「特別養護老人ホームうらやす」に転職しました。

職場を代わってもミスが続き、おかしいと感じた佐々木恵子施設長から本人の同意を得て、私に相談がありました。佐々木施設長のコーディネートで、鈴木さんと私は、「おれんじドア」で話すことになりました。

私は簡単に自己紹介をして、鈴木さんから記憶のむずかしさやろれつの回りにくさなどについて相談を受けました。そして、私が非常勤で勤務する病院に来てもらうことにしました。そこで、中学生のときに脳腫瘍の放射線治療を受けた既往が判明しました。当時、私が所属していた大学病院で1か月にわたり精査を行い、ほかの医師との協議を重ねた結果、放射線治療による脳症と診断しました。

鈴木さんは、その当時のことを「思いがけない結果で、正直、どう受け止めたらよいのかわかりませんでした」と述べています。また、「それでも仕事をしていなかったら、何のために生きているのかわからない」という思いから、仕事を続ける決心をし、施設長と面談を重ねました。

2 「認知症になってみないとわからない」ことがある

鈴木さんは、現在、同じ法人のグループホームでの仕事を中心に行っています。掃除や入居者の見守り、食事の手伝いや散歩の付き添いなどです。入浴介助や夜勤などはむずかしくなり、介護職員としての本来の業務をこなせず、歯がゆい思いがあるそうです。そして、以前はふつうにできていた車の運転も、道に迷ったり、操作を間違えたりすることが増えたため、事故を起こす前にやめる決断をしました。いまでも車のコマーシャルを見るのもつらいほど、運転をしたくて仕方がないといいます。

鈴木さんは、認知症になってわかったこととして「認知症の人の気持ちは、なってみないとわからない。何もわからなくなるという気持ちは、なってみないとわからない。なってみてはじめてわかった気がします」といいます。そして「以前は、認知症になってしまった、もう人生は終わりだ、と思っていました。でもできなくなってしまったことを嘆くより、自分に何ができるかを考えようと思います。自分ひとりではむずかしいことでも、少し手助けをしてもらえれば、まだまだでできることはあるので、がんばりたいと思っています」と続けます。「このような気持ちをひとりでも多くの人に知ってもらいたい」、そんな思いから鈴木さんは、人前で話すのは苦手だと言いながらも、勇気をふりしぼって講演を続けています。

このような思いを抱くようになれたのは、「おれんじドア」や若年性認知症の集い「翼」で出会った、多くの当事者のおかげだそうです。当事者同士が出会い、語り合っているときの笑顔は、みなさん本当に素敵です。多くの当事者が「ここだから話せることがある」といいます。自分だけではないという思いが、がんばろうとする原動力になるそうです。

そして、本人同士の出会いと同じくらい、一緒に活動してくれる人との出会いも重要です。鈴木さんは、活動パートナーの佐藤好美さんとともに、「同じような苦しみをもっている人がいる」と伝えることで、認知症の人が安心できるように活動しています。また、「おれんじドア」の実行委員として、認知症と診断された人の支えになっています。そして鈴木さんは、家族や鈴木さんの活動を支えている多くの人との時間を、とても大切に感じているということです。

私と鈴木さんとの関係は、医師としてかかわっているときと、「おれんじドア」で同じ実行委員として活動しているときとが交互にあります。医師としては、症状の経過を見守り、急な進行が疑われたときは精密検査の可能な施設を紹介するなどの「脳のかかりつけ医」の役割を果たしています。実行委員としては、鈴木さんから経験を聴いて学ぶと同時に、さまざまな活動を通して親睦を深めています。時には私の担当する、ほかの認知症の人と会ってもらい、当事者としての経験を話してもらうこともあります。

3 医師として心がけていくこと

私は、当事者同士が出会うことは薬と同じくらい大切であると感じています。なぜなら、病気の体験を共有することは、自分が病気について理解することにつながり、共通の服薬の話をすれば、効果を確かめることもできます。そして、ここには病気を否定されたり、差別されたりすることがありません。

本人同士が出会う機会は、だれかがつくらなければ得られるものではありません。いちばんよいのは、本人同士が自然に出会う機会があることでしょう。高齢者であれば、さまざまなサークル活動などでも出会うことはあるかもしれません。最近では「認知症カフェ」も多数あります。医療機関においても、お茶を飲むスペースでもあれば、当事者同士の出会いをコーディネートすることは可能です。

私も、診察する部屋のとなりに、当事者同士が出会えるスペースを整えています。新型コロナウイルスが蔓延するなか、活発であった当事者同士の交流の機会が、減ってしまっていることを危惧しています。まだまだ十分ではありませんが、オンラインなどでの交流がもてるよう、本人と一緒に工夫していきたいと思います。

もちろん認知症に対して、オープンにできる人ばかりではありません。また若年性認知症の人

写真4-2　「おれんじドア」の仲間。右から佐藤好美さん、丹野智文さん、鈴木理さん、今田愛子さん、若生栄子さん（撮影：著者）

は、全国に数万人程度と非常に少ないです。したがって、少し地域を広げて、県レベルでの若年性認知症の当事者の集いの情報を日頃から共有し、本人に紹介したり、応援したりしていくことが重要ではないかと思います。

5 認知症のある人がこれまでの生活を続けていくために

ここまで、私が出会った認知症のある人とのかかわりを通じて、本人の心情に配慮すること、かかわりは本人との対話から、そして本人と一緒に活動するという三つの視点について述べてきました。

この三つの視点は、職種を問わず、だれにでも必要な視点であると思います。

しかし、私が出会う認知症の人やその家族には、この三つのどれか、またはすべてが得られていない人が多いと感じます。本人と周囲の人との間で十分なコミュニケーションが行われていないために、本人の心情が理解されず、結果として、孤立してしまっている状況も多くみられます。また、周囲の人が、家族の話ばかりを聞くことにより、介護負担の軽減を優先した支援がコーディネートされ、本人の望まない生活になってしまっている人もいます。そのようななかで、自分の居づらさを伝えるために大声をあげたり、暴力をはたらいたりすると、それが認知症の症状だと思われ、薬による治療を求められることすらあるのです。もちろん居心地の悪い場所に適応できるようにする薬はありません。認知症の人の怒りや憤りを鎮める薬もありません。

認知症にかかわる人、一人ひとりが、この三つの視点を大切にして、本人がこれまでの生活を続けられるように考えていったら、本人はどれだけ救われるでしょうか。
私はこれからも、縁あって出会ったみなさんと、人としてかかわり、その人が認知機能の低下の症状と向き合い、折り合いをつけながら、これまでの生活を続けていくための味方のひとりであり続けたいと思います。

参考文献

・石原哲郎『なぜ、認知症のある人とうまくかかわれないのか?——本人の声から学ぶ実践メソッド』中央法規出版、2020

III

認知症の人とともに暮らしをつくる

―福祉専門職として

第5章

認知症の本人とつくる地域・社会

―forからwithへ

鬼頭史樹（きとう・ふみき）

1980年、愛知県生まれ。borderless -with dementia-メンバー、ソーシャルワーカー。社会福祉協議会、地域包括支援センターのソーシャルワーカーとして勤務しながら、認知症当事者の経験を起点に、多様な活動を展開するコミュニティ／プラットフォームであるborderless -with dementia-のメンバーとしても活動している。

1 はじめに

私は2013年から2020年3月まで、名古屋市の認知症施策にかかわる機関で、主に若年性認知症支援に携わるソーシャルワーカーとして勤務していました。若年性認知症の本人や家族は、脳の器質的な変化とそれに伴う生活障害とともに生きることになるということだけでなく、障害者福祉と高齢者福祉の制度のはざまで、本人の就労、経済的課題、子どもの養育、ダブルケア（介護と育児が同時期に発生すること）など、複数の社会的な課題に直面します。私自身、支援にかかわるなかで、その課題の複雑さに支援者としての力不足を感じざるを得ませんでした。

その一方で、事業の一環として実施していた「名古屋市若年性認知症本人・家族交流会あゆみの会」（以下、「あゆみの会」）で、本人同士、家族同士が出会い、語り、その経験や想いをわかち合い、笑顔になる姿を目の当たりにしてきました。支援者として「何かしたい」と思っても何もできない私を尻目に、本人や家族はお互いに励まし合いながら力をつけ、自ら課題に向き合っていきました。さらに、問題を解決するという視点だけでなく、どうしたら折り合いをつけながら生活していけるのかということを模索していました。そのしなやかさに私は驚き、幾度となく励まされ、多くのことを学ばせてもらったように思います。

ここでは、私が「認知症」と出会い、本人とともに、周囲の仲間たちとともに歩んできた道のりをふり返り、それが本人の経験や想いを出発点に地域に影響を与えてきたプロセスを紹介したいと思います。

ソーシャルワーカーであり、パートナーであり、友人であり、という複数の立ち位置をもつ〝私〟の経験を、その迷いやゆらぎも含めて共有することで、これからの地域づくりについてともに考えていくための材料にしてもらえればと考えています。

1 地域共生社会

地域づくりを考えるとき、「地域共生社会」という言葉を思い浮かべる人も多いと思います。厚生労働省は地域共生社会を「制度・分野ごとの『縦割り』や「支え手」「受け手」という関係を超えて、地域住民や地域の多様な主体が『我が事』として参画し、人と人、人と資源が世代や分野を超えて『丸ごと』つながることで、住民一人ひとりの暮らしと生きがい、地域をともに創っていく社会」[1)]と説明しています。

この説明を読んで、「そうそう、そうだよね」とうなずきつつ、実際に動き始めようとするときには、「何をしてよいかわからない……」と困ってしまう人も多いのではないでしょうか。私自身もそうでした。しかし、認知症の本人とともに活動してきたなかで、いまはうっすらとではありますが、その輪郭をとらえることができているのではないかと感じていますし、その実現のために具体的にどうすればよいかということもみえてきています。地域共生社会をどう読み解き、どう具体的な実践としていくのかが、この章を通じたテーマです。

2 Dementia Friendly Community（DFC）

もう1点、この章を通じて重要な概念となるのが「Dementia Friendly Community」（以下、DFC）です。直訳すれば「認知症にやさしい地域」となるでしょうか。しかしこれを言葉どおりに「やさしい」と理解してしまうと、それは認知症の本人に「やさしくしてあげる」ということになりかねません。もう少し深い議論が必要だと考えています。

精神科医の山崎英樹さんは「DFCは、認知症の本人が市民として参画し、貢献することが権利として大切にされ、推進される地域社会をいう[2]」と説明しています。かつて認知症は「何もわからなくなる病気」ととらえられていました[3]。しかし、DFCにおける認知症の本人は「何もわからない人」ではなく、「支援の一方的な受け手側の人」でもなく、主体的に社会に参画し、貢献する「市民」であるということです。

あたりまえの話に聞こえるかもしれません。しかし、認知症の本人がたどってきた歴史をふり返ると、その「あたりまえ」が保障されていなかったこと、それはいまだ達成されておらず、いまはその「あたりまえ」を取り戻していく途上にあることがみえてきます。DFCをめざすということは、認知症本人の市民としての権利の回復をめざすことだといってよいでしょう。

では、具体的に何をすればよいのでしょうか。山崎さんはDFCの成り立ちのプロセスを「DFCは、たった1人の「当事者」から始まってよいし、むしろ1人の「当事者」との出会いから始められなければならないであろう[4]」と説明しています。「ひとりの想い」から地域づくりは始まっていきます。そうであるなら、まずは本人の声や想いに耳を傾けることから始めていきたいと思います。

これまで、私を含む支援者や認知症にかかわる人たちは、本人の「症状」や「困りごと」、あるいは「何ができないか」という点にばかり着目してきてしまったのではないでしょうか。これからはそうではなく、「何がしたいのか」と問いかけることからスタートしたいのです。

2 場づくりの必要性

1 安心して想いを語ることができる場づくり

本人の「何がしたいか」という想いを知るためには、本人に語ってもらう必要があります。私がこれまでの実践のなかで感じているのは、本人の想いを起点にした地域づくりをしていくためには、大前提として本人がその想いを安心して語ることができる場づくりが必要であるということです。

「認知症の人の多くは話すことができない」と思う人がいるかもしれません。これまで多くの本人に出会ってきましたが、そのなかに「話すことができない人」はほとんどいませんでした。ただ、出会った当初「話さないと決めている人」は多かったように思います。認知症と診断されると、家族も含め周囲の人が本人の言動を「症状」とみなすことが多くなります。そのことによって、まわりのだれにもまともに話を聴いてもらえない状況が常になってしまいます。そうなると、当然の結果として「もう話さない」と決めてしまうのです。そしてその時間が長くなると、本当に

「話すことができない人」になってしまいます。こういった状況が「認知症の人は話すことができない」という誤解を生んでいるのではないでしょうか。

本人同士の場やなじみの関係性がある場では安心感が高まり、ほとんどの人が語りだします。「あゆみの会」などの交流の場やピアサポートの場では本人が「ひさしぶりにこんなに話したよ」と満足そうにしている姿がよく見られますし、一緒に参加した家族や支援者が「あの人があんなに話すなんて」と驚いている姿もよく見ます。身近な人ですら、いや身近な人だからこそ、本人の本当の姿を見失いがちなのかもしれません。

2 空白の期間

もう1点、場づくりが必要な背景があります。それが「空白の期間」の存在です。この言葉は一般社団法人日本認知症本人ワーキンググループの藤田和子さんが提唱している言葉で、この期間の社会的サポートの不足が指摘されています[5]（57頁参照）。

認知症の啓発が進んだこと、認知症の診断技術が進歩していることなどから、診断のタイミングが早くなってきていることを感じています。認知症と診断されると、医療機関や地域包括支援センターなどから、介護保険サービスの利用を勧められることが多いのですが、初期の認知症の人にとっては、介護が必要な状況ではないことも多いのです。そのような場合、地域の社会資源につな

図5-1　空白の期間

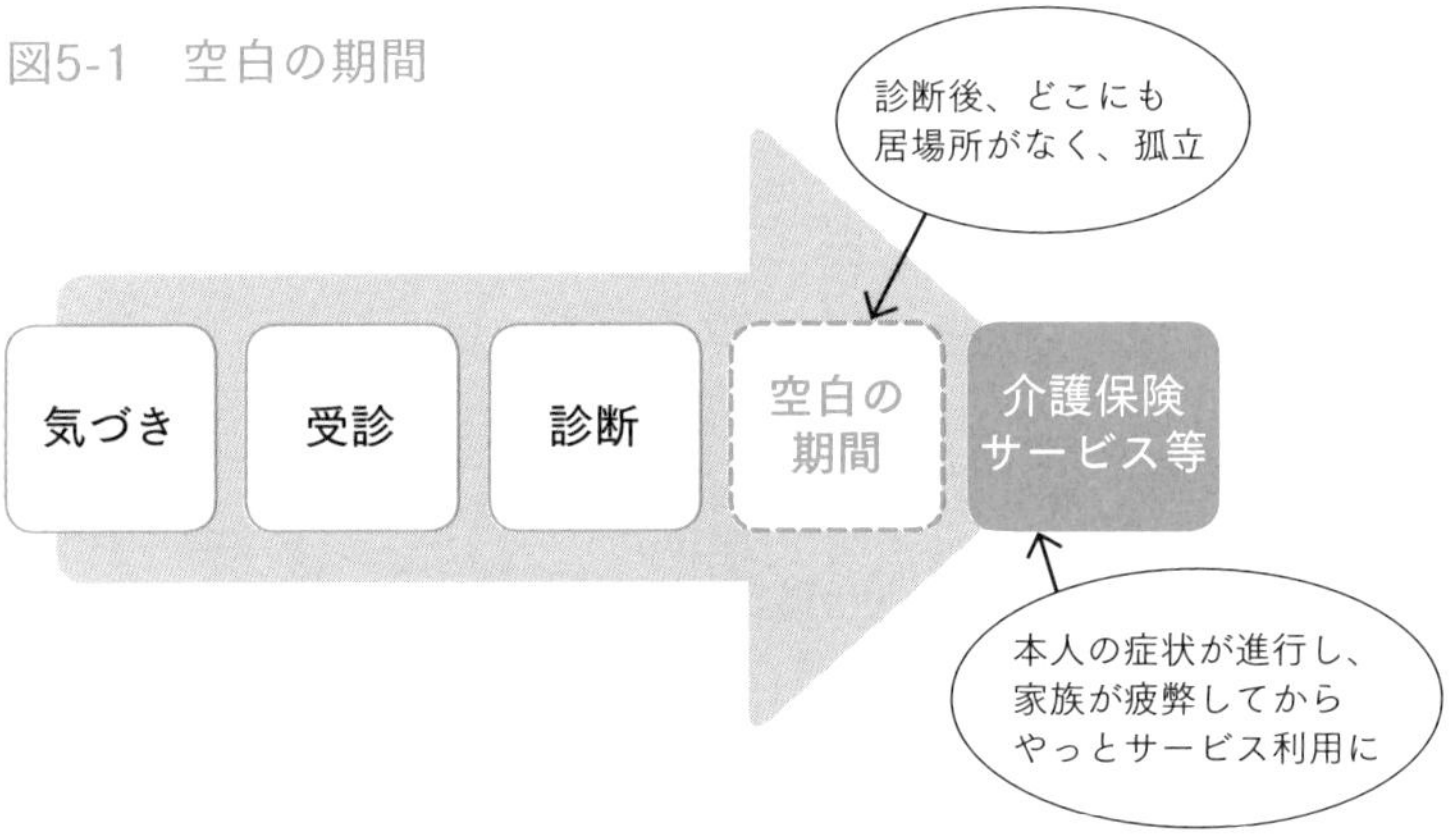

がるわけでもなく、数か月に一度病院に通院しては薬をもらってくるだけ、という期間が長く続いてしまいます。2018年の調査によれば、認知症の診断から介護保険サービスの利用までの期間は、平均して16・93か月、1年以上の人は38・7%、3年以上の人は17・1%というデータがあります。[6] 私自身がかかわった人を思い返しても、3～5年という人はむしろ「ふつう」で、なかには10年以上という人もいました。

この間に本人は徐々に症状が進行し、仕事を退職したり、趣味や地域の役員などをやめてしまったりして、友人や近隣の人とのかかわりが減っていきます。閉じこもりがちになり、うつ傾向になったり、そのことでさらに症状が悪化するという悪循環に陥る人も少なくありません。家族との関係も悪化し、本人も家族も疲弊してしまいます。これが空白の期間に起きていることなのです（図5―1）。

地域包括支援センターの職員やケアマネジャーのなかには、相談に来た本人や家族の様子を見て、「なぜもっと早く相談に来てくれなかったのだろうか」と思った経験をもつ人は少なくないでしょう。認知症に関する相談があると、しばしば「認知症が進行しており、支援が困難」ということで「困難ケース」として扱われることがあります。「困難ケース」という言葉は、地域包括支援センターなどの相談援助の現場では、多くの場合、「困難な人」という意味合いで使われています。しかし「困難」という言葉を使うとき、それを本人に対して使うべきではないと考えます。「空白の期間」こそが困難な状況を生み出していることを認識し、その構造的な問題にどうアプローチするかを考えていく必要があります。

具体的には、「空白の期間」を支える社会資源として、本人同士、家族同士が集い、語り、情報を得ることができる、そんな場づくりが必要だと考えています。さらにスコットランドのリンクワーカー制度のように診断直後から本人の想いに伴走し、地域の社会資源につないだり資源開発をする仕組みがあれば、そもそも困難な状況に陥らなくてすむ可能性は高くなります。現在の日本の施策では、認知症初期集中支援チームや認知症カフェ、ピアサポートの場などが、「空白の期間」を支える社会資源として機能することが求められているといえるでしょう。

3

場の中の相互作用
―「あゆみの会」の実践から

認知症の本人が安心して想いを語ることができる場、本人同士、家族同士が集い、語ることができる場においては、どのような相互作用が起きているのでしょうか。ここでは、「あゆみの会」の実践を例に、私の経験をふり返ってみたいと思います。

1 友人・仲間として

「あゆみの会」は、2013年10月に市の認知症関連事業の一環として立ち上がりました。私自身は同年7月から事業の担当者となり、会の立ち上げを担うことになったものの、それまで若年性認知症の人や家族と会ったこともありませんでした。そこで、愛知県内で先行して若年性認知症の人と家族のつどいの場をつくっていた認知症の人と家族の会愛知県支部に相談し、交流の場である「元気かい」に参加させてもらうようになりました。「元気かい」の世話人であり作業療法士の伊藤篤史さんから教えられたのは「人として、友人・仲間として接すること」でした。この言葉が私の一つの原点になっています。

「元気かい」では、参加する本人と世話人が、ワイワイと楽しそうに話をしたり、手づくりの料理やゲームを楽しんだりしていました。そこには「支援する側」「支援される側」という区別はなく、「ともに時間を過ごしている」という感覚がありました。

2 「支援」への違和感

「元気かい」への参加と同時期に、仲間づくりのしかけとして「若年性認知症サポーター養成講座」を開催しました。そして、「あゆみの会」は医療・介護の専門職を中心としたサポーター十数名とともにその歩みをスタートさせました。

開始当初、違和感を覚えたのが専門職サポーターたちの「支援する」という意識です。例えば、本人がトイレなどに立とうとすると、数人のサポーターがサッと横にきて、ピッタリとはりつきます。お茶がなくなるとすぐさまサポーターが注いでくれます。私自身、高齢者施設に勤務していた経験もあったので、もし「元気かい」に参加していなければ、その行動に何の違和感ももたなかったかもしれません。しかし「元気かい」に参加するなかで、「友人・仲間」という意識の重要性を感じ始めていた私にとっては、支援者の「あたりまえ」の行動に違和感をもったのでした。

「安全のため」という大義名分のもとに「管理」になっていないか、サポーターの仲間たちと、

「支援者とは」「仲間とは」など、関係性について議論を重ねました。意見がぶつかることも多かったと思いますが、その議論のプロセスこそが重要だったといまでは感じていますし、仲間たちとの出会いと過ごした時間は私の大きな財産になっています。

3 活動が広がる場へ

「あゆみの会」は開設当初は5～6組の参加者でしたが、回を重ねるごとに参加者が増え、1年が過ぎるころには十数組30～40名の集いになっていました。当時は単に「本人・家族交流会」と呼んでいましたが、参加者のなかから「名前を決めたい」という提案があり、本人も家族もサポーターも参加して、名前を決める話し合いをすることになりました。白熱した議論があり、この話し合いを機に、参加者の主体性が一気に高まったように思います。本人と家族、サポーターという枠組みが薄くなり、「話したい人と話したいことを話す場」へと変化していきました。そこに参加するだれもが会の主体として、「あゆみの会」を「私の会」としてとらえていくのを感じました。

そうなってくると場はうまく回っていきます。新規の参加者が来た際には、自己紹介だけすると、先輩たちが「こっちにおいで～」と誘って、話を聴いたり、アドバイスし合ったりが始まります。また、会のなかで「みんなで公園に散歩に行きたい」「ボランティア活動をしたい」といった想いも発信されるようになり、その一つひとつを実現していくという動きも生まれていきました。

4 「仲間」の存在

❶ 自信の回復

「あゆみの会」の仲間に関する思い出深いエピソードがあります。

丹羽康治さんは若年性認知症と診断され、経営していた会社の役員を辞任し、「あゆみの会」に参加するようになりました。あるとき、会のみんなでバス旅行に行きたいという話になりました。このとき、市外から会に参加していた丹羽さんは「みんなをぼくのまちに招待したい」と言いました。丹羽さんは若いころから地域の役員をしたり、地域の子どもたちとキャンプに行ったり、〝わがまち〟を愛する人でした。そこで丹羽さんと妻の恵子さんと私の3人で、バス旅行の下見をして計画を立てました。

丹羽さんの渾身のプランです。会で仲間たちにそのプランをプレゼンしたとき、それまで無口だと思っていた丹羽さんが、大きな声で、わがまちのこと、旅行プランの見どころなどをたくさん語ってくれました。本当にすばらしいプレゼンでした。そして旅行当日、丹羽さんは緊張のあまり少し体調を崩しながらも、幹事の重責を果たしたのです。そのとき私は、役割があるということがどれだけその人の自信になり、パワーになるのかということを教えてもらいました。

この旅行を機に、「あゆみの会」では年に数回バス旅行を企画するようになりました。毎回、企画・アテンドするのは本人と家族で、「○○に行きたい」とつぶやいた人がその役を責任をもって担っています。認知症になると生活のなかで「してもらう」場面がとても多くなります。本人のことを思っていろいろなことをしてあげることは「やさしさ」かもしれませんが、人としての自信や力を奪ってしまう危険をはらんでいます。旅行の企画を通じ、仲間に喜んでもらえたという経験は、丹羽さんの自信の回復につながっていったのです。

❷ 仲間との支え合い

もう一つ、仲間に関するエピソードを紹介します。

鈴木幸次さんと恵子さん夫妻は、ふたりで喫茶店を営んでいました。朝7時に開店すると夕方まで働きづめという生活を送っていました。幸次さんが認知症となり、お店で提供する食べ物の調理がうまくできなくなってきたことで、幸次さんは自信をなくし、恵子さんはそのフォローをするために疲れ切っている状況でした。営業時間を短縮したり、メニューを絞りこんだり、減った収入を補うために障害年金を申請したりと、さまざまな工夫をしながら経営を続けていましたが、それも限界が近づいていることは夫妻も周囲も感じていました。幾度かの家族会議の末、引退を決意したふたりのために、会の仲間たちが「引退式」を企画し実施しました。40年にわたりふたりで守ってきたお店です。そう簡単に気持ちの整理ができるわけではありませんが、夫妻の晴れ晴れとした表情が印象的でした。仲間たちの存在がその決意を「間違っていなかった」と思わせたのだと思います。その後、夫妻は「仲間が集う場をつくりたい」と、「認知症カフェ」をオープンしました。仲間の存在は認知症とともに生きる人生の大きな力になります。そして「仲間のために」という新たな役割、モチベーションを生みだすのです。

5 本人が感じる「不安」と「安心な環境」

認知症の人にとっての「安心な環境」について考えるためには、まず本人が抱える「不安」を理解する必要があります。認知症の人が抱える記憶障害や見当識障害に起因する不安は、いわば「いまは何時だっけ……」「いまはどこに来ているのだっけ……」「何のためにここに来たのだっけ……」という「いま、ここの不確かさ」への不安だと考えています。認知症専門医で認知症本人でもある長谷川和夫さんは著書のなかでそれを『確かさ』が揺《ゆ》らぐ」と表現しています。

これまでの経験から、安心できる環境づくりとして、「なじみの関係（知っている）」ということと「楽しい」ということが大切であると感じています。それは「知っている人と楽しいことをしているときに最も安心できる」ということです。あたりまえの話に聞こえるかもしれません。もちろん、これは認知症の人に限らずだれでもそうなのです。しかし、このあたりまえの環境について深く理解し、ていねいにつくっていくことが重要なのです。

「あゆみの会」の参加者同士は、実は名前や住んでいる場所も知らないということがよくあります。それでも会って話をしたり、一緒に旅行に行ったりという「楽しいこと」を共有しているため、「知っている人」になっています。だからこそ安心なのです。大切なのは楽しいと思える経験を共有し、積み重ねていくことだと思います。そのプロセスが心地よいなじみの関係をつくり、安心できる環境を醸成していきます。

6 パートナーという関係性

「あゆみの会」が徐々に活動を広げて行くなかで、サポーターにとって大きな転機が訪れました。それが丹野智文さんとの出会いでした。丹野さんに会のことを話していたとき、「サポーターって、支えてあげる感じだよね。そうじゃなくて支え合う関係性ならパートナーじゃないかな」という言葉をかけられ、ハッとしました。これまで自分たちが悩んできたことに、光がさしたように感じました。

会ではこれを機に「サポーター」を「パートナー」と呼ぶようになりました。名称が変わったことで意識も大きく変化しました。会で出会う人たちが、本人・家族・パートナーという枠や「支える側」「支えられる側」という境界線を超え、水平な関係を築いていきました。本人や家族が「〇〇したい」と気軽に発信できるようになり、それを聞いたパートナーが「一緒にやろうよ」と、ともに実現していくことが増えていきました。たいしたことではありません。ランチや買い物に行ったり、美術館に行ったり、そんな何気ない時間をともに過ごすことが、本人や家族にとっても、そしてパートナーにとっても、あたりまえでかけがえのない時間になっていったのです。

パートナーについて講演などでふれると、行政職員などから「パートナーを養成する仕組み（資格）をつくりたい」という相談を受けることがあります。支え合いの仕組みをつくりたいという気持ちはわかりますが、私は前述したようなプロセスを経てきた経験から、パートナーは単純に養成できるものではないと考えています。「友だちを養成する」と言い換えれば違和感があるのと同じです。

資格になってしまうと、必ず「何かあったらだれが責任を取るのか」という話が出てきます。これも友人に置き換えるとわかりやすいのですが、あなたが友人と出かけたときに、友人がつまづいて転んでけがをしたとします。まわりの人は友人のけがをあなたの責任として責めるでしょうか。転倒してしまったのは当然、友人の責任なので、あなたが責められるということはないでしょう。しかし、これが「認知症の人」となったとき、途端に周囲の責任になってしまうということが起こります。そうなれば、だれもその人と一緒に出かけようとしなくなってしまうでしょう。この「認知症の人に何かあったら周囲の責任」という保護的な考え方は、「認知症の人は自分で自分の行動に対する責任を負えない」という偏見であるというだけでなく、本人を「社会的孤立」に追いこんでしまっているのです。人はだれでも、外出をすればそこにはリスクが伴います。転ぶかもしれませんし、交通事故にあうかもしれません。しかし、楽しみたいからそのリスクを負って出かけているはずです。この「あたりまえ」のことが認知症になると奪われてしまいます。このときに起きているのは本人の「リスクを負って行動する権利」のはく奪なのです。パートナーは本人の権利をはく奪する人ではありません。「認知症」というレッテルに注目するのではなく、その人を信じ、その人とともに歩む存在です。

このような関係性を意図的につくるのは困難です。できることがあるとすれば、出会う場をつくることです。まずは本人が安心して過ごせる環境について理解し、それを実現できる場づくりをていねいに進めること、その積み重ねのなかで自然発生的に生まれてくる関係性がパートナーだと考えています。パートナーにとって必要なのは座学で学べる知識ではありません。ともに時間を過ごすなかで、場の成熟とともに醸成されていくのがパートナーという関係性なのではないでしょうか。

このことは地域づくりにもいえます。地域をよりよいものにしようとするとき、地域住民を指導したり、有資格者を養成したりすることだけでは達成は困難です。人と人が出会う場があり、場の相互作用が学びを生み、参加者一人ひとりの成熟が促されていきます。そのような成熟した場が地域に数多くあることが地域の成熟を促していくのだと考えています。

4 本人とともにつくる地域・社会

1 本人同士の出会いから始まる地域づくり

「あゆみの会」で本人同士が出会い、「認知症のある人」として地域に活動を展開していった人の例を紹介します。

山田真由美さんは51歳のときに若年性アルツハイマー病と診断されました。当時は給食調理員として働いていましたが、なかなか周囲の理解を得ることができず、数年後に休職となりました。仕事に生きがいを感じていた山田さんは非常に落ちこんでいました。そんなとき、「あゆみの会」で同年代の女性当事者と出会い、「ひとりじゃなかった」という思いをもちました。ふたりは認知症の症状が似ていただけでなく、年齢も近く、シングルマザーという境遇も共通していました。

ふたりがはじめて出会ったときの光景を、私はいまでもはっきりと覚えています。吸い寄せられるように近づいていくと、約2時間ノンストップでおしゃべりをしていました。その日を境に山田さんは笑顔を取り戻し、さまざまな活動を展開していったのです。

山田さんは、それまで、認知症であることは近所にはひた隠しにしてきましたが、それをオープンにしていきました。近隣のスーパーや銀行、携帯電話ショップなど、生活に必要なお店に事情を説明することで、お金の出し入れや携帯電話の使い方、買い物の際のお金の勘定や袋詰めなどでサポートを得ることができるようになりました。さらに同じマンションの住人や管理人にも一人ひとり自ら声をかけ、マンション入り口のオートロックの開け閉めや傘を閉じることなど、日常のちょっとした困りごとについて手助けを得られる体制をつくっていきました。山田さんは「認知症になったことは、たまたまそうなってしまっただけで、何も悪いことをしたわけじゃない。堂々と伝えて、楽になればいいと気づいた」と言います。本人同士の出会いから生まれる「ひとりじゃない」という思いが、こんなにもその人の力を引き出すのかと驚きました。

山田さんが丹野さんと出会ったのもこのころでした。講演のために名古屋を訪れた丹野さんに「講演活動をしてみたら」と勧められ、その翌年には自らの経験を語る活動を開始します。認知症サポーター養成講座（以下、サポーター養成講座）の講師役であるキャラバン・メイトの養成講座を受講し、市で初の「本人キャラバン・メイト」にもなりました。山田さんが住む名古屋市西区の高校生や図書館の職員、さらに息子さんの結婚式の際には、結婚式場のスタッフに自らサポーター養成講座を行うなど、自分の生活に密着した地域での啓発活動を展開していきました。

1 ピアサポート活動の展開

こうした山田さんの活動は、山田さん自身のソーシャルサポートネットワークの構築にとどまらず、ピアサポート活動に展開し、地域や社会にも影響を与えていきました。

「自分と同じ立場の人を元気づけたい」という思いから、丹野さんが立ち上げた仙台市のピアサポート「おれんじドア」を視察した山田さんは、名古屋市西区で行政や地域包括支援センターに声をかけ、「おれんじドアも〜やっこなごや」を立ち上げました。全国各地から声がかかるようになっていた講演活動では、その地域の本人と出会うピアサポート「出張おれんじドア」を講演とセットで実施しています。その出会いを通じ、その地域に本人の会や本人ミーティングを立ち上げるきっかけづくりをサポートしています（写真5—1）。

写真5-1　講演終了後に来場した本人に声をかける山田さん

丹野さんと出会った当初、山田さんは「丹野さんのようになりたい」と話していました。いまでは全国に「山田さんのようになりたい」と言う人がたくさんいるのです。

❷ その人とともに

山田さんが本人としての活動を始めて4年あまりになります。私はこうした活動のほぼすべてに立ち会うことができました。ともに講演した回数は100回をゆうに超え、訪れた都府県は20以上、出会った本人も100名はくだらないと思います。一方で活動の開始当初、要介護1だった山田さんの要介護度は、現在（2020年10月現在）では要介護4になりました。活動を開始するとき、私は山田さんに「認知症の進行があると思うので、いつまで活動を続けるかについて最初に話し合っておいたほうがよいと思う」と話をしました。そのとき山田さんは「やれるところまでやる」とニヤッと笑いながら答えました。その笑顔を見たとき私は「この人とならやっていける」と感じたのを思い出します。

しかし要介護4という知らせを担当のケアマネジャーから聞いたとき、頭では山田さんの状態がその程度には進行していることがわかっていながらも、気持ちとしてはうまく整理ができませんでした。「もしかしたら活動のやめどきがきたのかもしれない」とも感じました。しかし要介護認定の直後に、県外への講演旅行があり、山田さんは、いつもどおりおいしいものを食べて、いつもどおり講演をして、いつもどおりに帰ってきたのです。そのとき、私自身が「要介護4」という数字や枠組みにとらわれ、山田さんというその人のことを見失っていたのかもしれないと気づきました。

山田さんはいまでは、食事もひとりで取ることはむずかしい状態です。この数年で生活はずいぶん様変わりしましたし、講演をはじめとした本人としての活動のやり方も変化してきました。それでも山田さんは「認知症が進行しても私は私。まわりの人がいるから私は私らしくいられる」と語っています。そう語る山田さんの、認知症とともに生きるということを体現する姿に、活動を開始した当初の山田さんとはまた違う新たな魅力を強く感じています。認知症は確実に進行します。しかし、進行し重度になったからといってその人の魅力が失われるわけではありません。新たな価値を生み出すことができるということを感じています。そんな山田さんを「特別な人」ととらえては、山田さんの活動の意味がありません。認知症とともに生きる人だれもが、山田さんのように生きることができる社会、それをどう実現していくかが問われています。

2 地域共生社会の手触り

もう一つ、「あゆみの会」で出会った鈴木泰弘さんと中学校の野球部との交流のエピソードを紹介します。

泰弘さんははじめて会に参加したころから、いつも「野球がしたい」と言っていました。熱狂的な中日ドラゴンズファンで、高校生時代にナゴヤ球場で故星野仙一投手に「ほしのーっ！」と呼びかけたところ、「星野さんだろう！」と平手打ちをくらったことをいつも自慢していました。泰弘さんとは、一緒にキャッチボールをしたり、静岡県富士宮市で開催された認知症の人のソフトボール大会「Dシリーズ」に参加したりしました。

野球の試合をしたいという泰弘さんの想いを受けて、近くの中学校に「野球をしませんか」と申し入れをしました。先生たちに泰弘さんの想いを伝えるとともに、認知症になることで野球がしたくてもしづらくなってしまう地域や社会の現状について伝えました。急な申し入れに、中学校側も戸惑ったのではないかと思いますが、校長先生や教頭先生、そして野球部顧問の先生もこころよく申し入れを受けてくれました。

交流をする前に、野球部員にサポーター養成講座を受講してもらうことになりました。泰弘さんが言い出したことなので、私は泰弘さんに、サポーター養成講座の場で自分の想いや認知症について語ってもらうことにしました。このとき、泰弘さんの持ち時間は30分ほどだったと思いますが、自身の短期記憶障害のことや、診断を受けてどのように感じたかといった内容は、最初の10分ほどでした。その後の20分はすべて中日ドラゴンズの話だったのです。しかし、これが功を奏しました。というのも、中学生たちは泰弘さんの話を聴く前は、認知症に対して「怖い」というイメージをもっていました（事前アンケートより）。しかし、楽しそうに中日ドラゴンズの話をする泰弘さんの姿にふれ、「このおじさんは僕たちと何も変わらない野球好きのおじさんだ。たまたま少し記憶障害があるかもしれないけど、一緒に野球ができるかもしれない」と体感的に感じることができたのだと思います。

迎えた当日、一塁のコーチャーズボックスには「1塁」と大きく書かれたホワイトボードを掲げた中学生の姿がありました（写真5―2）。実はサポーター養成講座のときに「認知症の人たちは投げたり打ったりという動作（いわゆる手続き記憶）は問題がない人が多いが、打ったときに右（一塁方向）に走ればよいのか左（三塁方向）に走ればよいのかがわかりづらい人がいます」という話をしました。その話を聞いた中学生たちは、どうしたらその課題を解決できるかアイデアを出し合い、ホワイトボードを使う方法を思いついたのでした。

交流は計2回実施しました。ホワイトボードの工夫は2回目のときにはさらにアップデートされていました。なんとグラウンドに矢印が描かれていたのです（写真5―3）。私はこの矢印を見たときに「これは思いつかなかった……」と、本当に驚きました。そして実際に試合が始まると、みんながその矢印の上を走ったのでした。ただ、矢印に合わせて走るため、ベースを踏まずに走塁することになりました。しかし驚くべきことに、中学生たちはここに対する工夫も考えていたのです。それはベースの横に描かれた線です。その線を超えればセーフになるというルールも考えられていたのです。野球が好きな泰弘さんと、野球が好きな少年たちが出会い、「どうしたらともに楽しむことができるか」という問いを共有したからこそ生まれたアイデアです。試合終了後、中学生たちが泰弘さんのところに集まってきて「楽しかったです！」「またやりたいです！」と口々に声

写真5-2　コーチャーズボックスで「こっちです！」と声をはりあげる中学生

写真5-3　グラウンドに描かれた矢印

をかけました。泰弘さんは「おう、またやろう！」と照れながらもうれしそうに答えていました（写真5―4）。

両者の姿を見て、私はそこに「地域共生社会」の確かな手触りを感じていました。グラウンドには泰弘さんと中学生だけでなく、会の本人メンバー、家族やパートナー、中学生の保護者、先生たち、うわさを聞きつけた近所の人たちが集まっていました。それぞれがおにぎりを握ったり、差し入れに手づくりのお菓子を持ってきたり、守備に加わって球拾いをしたりと、さまざまな人がさまざまな形で、自発的に自分のできることをしていました。介護家族と中学生の保護者が自然と会話をしていました。パートナーと近所の居酒屋のおやじさんが一緒に豚汁をつくっていました。そのように知らない人同士も一緒になって、口々に「楽しい」と言い合っていたのです。

写真5-4　泰弘さん（左端）に駆け寄る中学生たち

先生たちからは「子どもたちにとっても私たち教師にとっても、とても大きな学びになりました」とうれしい言葉をもらいました。もちろん学びがあったのは中学生や先生だけではありません。そこに集った人々それぞれに学びがあり、だからこそ「楽しかった」のだと思います。これはインクルーシブ教育や福祉教育にもつながる価値です。ともに時間を過ごし、ともに楽しむために対話し学び合うことが、大きな価値を生み出すのです。ＤＦＣは「たったひとりの当事者から」始まっていきます。そしてだれもが主体的な市民となっていくことで、地域共生社会は実現に近づいていくのだと考えています。

3 認知症フレンドリーデザイン

泰弘さんと中学生が試合をしたグラウンドには、進行方向を示す矢印が描いてあり、認知症の人も中学生も、ともに楽しめる環境デザインになっていました。これは、最近、駅構内等でよく見かけるようになった床に描かれた案内図と共通しています。これまで一般的に使われていた駅構内の案内図の上向きの矢印は認知症の本人、とりわけ空間の認識が苦手な人にとっては「上空に向かう」というサインに感じられ、混乱を招くことがあります。それに対し、床に描かれた矢印はそのままそこに沿って歩けばよいので、脳への負担が少なくてすむデザインといえます。

このような認識や感覚に配慮したデザインを「認知症フレンドリーデザイン」と解釈するなら、認知症の人や高齢者だけでなく、発達障害や高次機能障害とともに生きる人たち、さらにはいわゆる「方向音痴」な人にとってもわかりやすく、だれにとってもフレンドリーなデザインになっています。このことは認知症の人の経験がこれまでの社会のデザインを変えていく可能性をもっているということを示唆しているのではないでしょうか。

4　ともに時間を過ごす

❶「社会的課題」としての認知症

「認知症になって旅行に行く機会が減った」という言葉をよく聞きます。ある人から聞いたのは、「認知症になっていろんなことに時間がかかる。そうするとふつうの旅行は急かされているようで参加しづらい」という言葉でした。それに対し、本人同士やパートナーなど認知症に理解のある人たちとの旅行は「みんながわかって待っていてくれるので、のんびり楽しめる」ということでした。

例えばバス旅行では、トイレ休憩でサービスエリアに到着すると「休憩時間は10分です。遅れないでください！」と言われます。いろいろな動作に時間がかかる人にとって、これはとても大きなプレッシャーとなり、つらく感じます。たったこれだけのことで旅行に行きづらくなっている人がたくさんいるのです。

「認知症だから（旅行に行けないのは仕方ない）」と思考停止してしまうのではなく、その課題を生んでいるバリアや構造に着目し、変えていく必要があります。それは認知症に対する理解の不足やサポートの不足なのかもしれませんし、旅行のパッケージデザインが、認知症の人、あるいは同じようなニーズを抱える高齢者や障害をもつ人に合っていないということかもしれません。これはたいへん大きな気づきです。なぜなら、2020年の時点で認知症の人は約600万人と推計されています。その市場規模は決して小さくないでしょう。旅行は家族や友人と行くことが多いと思いますので、その規模はさらに拡大します。認知症の本人や家族が旅行に行きづらい社会では、当事者のQOL（生活の質）の低下ということだけでなく、企業や社会の損失も大きいのです。これが認知症が「社会的課題」であるといわれる大きな理由です。

❷ 新しい価値の共創

認知症を社会的課題としてとらえると、当事者と企業が出会うことで、新たな価値を共創するという可能性が広がります。そんなことを感じたエピソードを紹介します。

靴下を企画・製造するある企業の人に、「認知症の人のなかには、靴下をはくのにとても苦労している人が多いのです」と話をしました。ある本人に協力してもらい、実際に靴下をはくところを撮影した動画を企業の人に見てもらったところ、すぐさま「デザイナーと一緒に認知症の人の話を聞かせてほしい」と、本人へのヒアリングが実現しました。その後、靴下の試作品がつくられ、本人が実際に試しながら改良を加える段階まで進んでいます。実際の商品開発等に結びつくかどうかはわかりませんが、認知症の本人とものづくりをする人との対話は、生活に根づいた、とても豊かなものでした。

認知症の人の生活上の課題は多岐にわたります。人の生活にかかわる製品やサービスをつくっている企業で、認知症の人と「全く関係ない」という企業はないといってもよいでしょう。しかし、そのことに気がついていない人が多いと思います。認知症の人を潜在的なニーズをもったユーザー、あるいは協働できるステークホルダー（利害関係者）ととらえなおすことで、企業は新たなアイデアを発掘することができます。本人にとっても、自らの経験が自分だけのものではなく、ほかのだれかの役に立つと感じることができれば大きな自信につながります。

大切なのは、私たちは認知症の人の経験を共有することで、これからの社会のあり方に気づくことができるということです。認知症の本人を「患者（病気の人）」や「支援される人」ととらえていては、この視点に気づくことはできません。ともに時間を過ごすことで多くのことに気づくことができるのです。

5 ともに地域をつくる―forからwithへ

これまで前記のような取り組みを講演や研修等で伝えてきました。そのなかで行政や地域包括支援センターの職員、ケアマネジャーなどから「とても素敵な取り組みですが、私たちの職務のなかではむずかしいと感じます」と言われることもありました。ここで再度思い出してもらいたいのは、地域共生社会の「「支え手」「受け手」という関係を超えて、地域住民や地域の多様な主体が『我が事』として参画し」という部分です。行政や地域包括支援センターの職員、あるいは医療機関や介護施設等で働く専門職は、これまでは自分たちを「支える側」ととらえてきました。しかし地域共生社会における地域というフィールドでは、だれもが地域をともにつくる主体です。そこでは認知症であるかないか、だれが支える側でだれが支えられる側か、どんな職種であるか、といった境界線はあまり意味をもちません。そのような境界線を超えて、だれかの「〇〇したい」という想いに共感し、ともに考え、ともに学び、ともに実現していくことが大切なのではないでしょうか。

これまでの実践をふまえ、私自身は「支援」や「ケア」という言葉が内包している「ケアする側」と「ケアされる側」という暗黙の境界線に違和感を覚えています。ケアの仕事は人の命にかかわる仕事です。しかしこのことは見方を変えれば、ケアされる側の命を握っているともいえます。くり返される福祉施設や病院での悲惨な虐待事件が示すように、「ケアする側」と「ケアされる側」の非対称性は人権を奪い、命すら奪う危険性を常にはらんでいます。ケアの現場で働く医療や福祉、介護の専門職は、自らがもつ権力性、暴力性に、常に自覚的であることが求められます。

これまでケアの主体は支援する側でした。しかし、ケアとは本来は相互作用性のある、双方向の営みであるはずです。ケアする側の「その人〝に〟なにができるか」という〝ｆｏｒ〟という意識から、「支える側」「支えられる側」という境界線を超え、「その人〝と〟なにができるか」をともに考えていく〝ｗｉｔｈ〟への意識変容が求められています。そうした意識変容があってはじめて、地域共生社会に向けた歩みが始まっていくのではないでしょうか。

引用文献

1）厚生労働省「我が事・丸ごと」地域共生社会実現本部『「地域共生社会」の実現に向けて（当面の改革工程）』2頁、２０１７
2）山崎英樹「宮城県仙台市の経験（特集 Dementia Friendly Communityとはなにか）」『老年精神医学雑誌』第28巻第5号、５０７頁、２０１７
3）厚生労働省認知症施策検討プロジェクトチーム『今後の認知症施策の方向性について』2頁、２０１２
4）前出2）、５０９頁
5）藤田和子『認知症になってもだいじょうぶ！――そんな社会を創っていこうよ』59頁、メディア・ケアプラス、２０１７
6）社会福祉法人東北福祉会認知症介護研究・研修仙台センター『認知症の家族等介護者支援に関する調査研究事業報告書』22頁、２０１８
7）長谷川和夫・猪熊律子『ボクはやっと認知症のことがわかった――自らも認知症になった専門医が、日本人に伝えたい遺言』18―19頁、ＫＡＤＯＫＡＷＡ、２０１９

第6章 だれのため、何のための私たちなのか

猿渡進平（さるわたり・しんぺい）

1980年、福岡県生まれ。医療法人静光園白川病院医療連携室室長。2002年に医療法人静光園白川病院に入職後、大牟田市地域包括支援センター、厚生労働省社会・援護局への出向などを経て現職。大牟田市認知症ライフサポート研究会副代表、認知症未来共創ハブ運営委員を務めるなど、社会活動に従事している。

1 ソーシャルワーカーとしての挫折

1 福祉に関心をもつようになった原体験

私は、父方の祖母、両親と兄の五人家族の次男として生まれました。実家は大牟田市のなかでも田舎のほうで、家の外は見渡す限り田んぼや畑、裏には壮大な山がある……。そのような場所で育ちました。

そのような環境で育った私が、なぜ福祉の道をめざしたかというと、それはとてもありふれた話で「同居の祖母が認知症になった」ことがきっかけでした。

祖母が認知症になったころ、私は高校生でした。年の離れた兄はすでに就職しており、当時は、父と母、祖母と私の4人で生活していました。父は勤め人でしたので、日中、自宅には母と祖母がふたりきりでした。そもそも、そのふたりの関係がよかったという記憶はないのですが、祖母が認知症になり、さまざまなトラブルが起こるようになりました。

当時は介護保険制度もなく、まさに母の孤軍奮闘状態でした。その状況はしばらく続き、母は身体を壊して入院しました。その結果、日中、祖母の世話をする人がいなくなってしまったので、祖母は施設に入所することになりました。祖母はいやがっていましたが、最終的には父が説得した記憶があります。

面会に行くと、祖母はうれしそうに私の手を握りながら「よくきてくれた。よくきてくれた」と喜び、「早く家に帰りたい」と悲しそうにつぶやきました。同室を見渡してみると祖母と同年代の高齢者が多数入所していました。私の顔を見るなり満面の笑みを浮かべ喜んでいました。私をほかのだれかとまちがえている人もいました。居室を出ようとすると、いつも数名の入所者がついてきて、悲しそうに手を振っていました。

祖母には「家に帰ってきてほしい」と思っていましたし、祖母も帰りたかっただろうと思います。しかし、それを受け入れることができない現実がありました。ここに入所している高齢者の家族にも、同じような現実があるのだろうと当時の私は何となく感じていました。その後の祖母は、病状の変化があるたびに医療機関や施設を転々とし、最期は病院で亡くなりました。

このとき、「高齢」や「認知症」になれば、このようなことが起こり得るのが「あたりまえ」とされていることに違和感をもちました。そして、この原体験が心に残り続け、このような状況に何らかの変化をもたらしたいと思い、福祉業界で働くことを決めました。

2 本人の希望をかなえられない日々

その後、専門学校を卒業し、現在の勤務先である大牟田市内にある医療機関のソーシャルワーカーとして入職しました。「ソーシャルワーカー」の採用ははじめてということもあり、まずは現場経験を積むために病棟介護職員としての勤務を命じられました。病棟で排泄介助や入浴介助、食事介助などをこなす、目まぐるしい毎日を過ごしました。空いた時間に入院中の高齢者と話をすると、やはり多くの患者さんは「家の庭の草むしりをしなくちゃいけないから自宅に帰りたい。子どもたちが待っている」などとつぶやきました。そして時が経つと、家族が「施設に行ってもらわないと困るから」などと本人に話し、多くの人が自宅ではなく、施設へ退院していきました。まさに私の家族と同じようなことが、ここでも起きていました。

1年ほどが経過し、私はソーシャルワーカーとして働くようになりました。

「ひとりでも多くの高齢者の願いを叶えたい」と思い、医師から退院許可が出た患者さんと面談し、「自宅に帰りたい」という想いを受け止めて、それを家族に伝えました。しかし、多くの家族は「施設」への入所を希望し、本人の希望と家族の希望が一致することはほとんどありませんでした。「自宅で介護する人がいない」「何かあったら心配だ」という理由が多数でした。当院の入院患者の多くは、急性期やリハビリテーション機能をもつ医療機関から転院してきた人であり、その過程で、すでに一度、自宅での生活をあきらめている人も多数いました。

退院支援では、①本人の力、②家族の力、③介護・医療保険サービス、④地域の力を同時に考えて支援をしていましたが、①〜③については、すでに家族との間では検討済みでしたし、④の地域の力について、患者さんの自宅エリアを担当している民生委員や自治会の役員に見守り等を依頼しても、「そんなことはできない」「責任が取れない」という意見が多数でした。

さらには「そのエリアには民生委員がいない」「自治会ではそんな活動をしていない。そもそも、その人は自治会員ではないから支援できない」など、地域の力の脆弱性を感じる反応ばかりでした。結果として自宅に帰ることができる人は少なく、多くの人は、やはり施設へ退院して行きました。そのような日々をくり返すなかで自分の無力さを痛感し、徐々にソーシャルワーカーとしての自信を失っていきました。

2 みんなでつくった「認知症を支えるネットワーク」

1 「模擬訓練」の始まり

大牟田市は福岡県と熊本県との県境に位置し、かつては国内最大の出炭量を誇る産炭地として栄えた地方都市でした。人口は、1960年には約21万人でしたが、石炭の需要の減少とともに減っていき、2020年現在、約11万2000人となっています。65歳以上人口は約4万1000人（高齢化率約37％）、高齢者数は、2020年にピークを迎えた後は減少に転じるものの、人口減少も進むため、2025年には高齢化率は約40％まで上昇すると推計されています[1]。

一方、地縁組織への加入率は約30％となっており、20年ほど前の約80％から大幅に減少しています。そのため、小学校区単位の地域コミュニティを基礎として、地域内の全住民がかかわりをもつことができる仕組みとして、「まちづくり協議会」が2011年度から順次設立されています。2020年10月の時点では、19校区中17校区で設立され、平均加入率も地縁組織よりは高い50・8％となっていますが、依然として地縁が希薄化しているという課題があります。

表6-1 「模擬訓練」の目的

1 認知症の人と家族を支え、見守る地域の意識を高め認知症の理解を促進していく
2 高齢者を隣近所、地域ぐるみ、多職種協働により可能な限り、声かけ、見守り、保護していく実効性の高いしくみの充実
3 認知症になっても安心して暮らせるために、「安心して外出できる町」をめざしていく

表6-2 実行委員会メンバー（校区によってメンバーは異なる）

・民生委員・児童委員協議会	・校区町内公民館連絡協議会（自治会）
・校区社会福祉協議会	・地域の医療・介護事業所（事務局）
・地域包括支援センター	・認知症ライフサポート研究会運営委員
・大牟田市役所福祉課	

そのような状況のなかで大牟田市では、「たとえ認知症になっても、住み慣れた地域のなかで、豊かに、安心して暮らし続けることができるまち」をめざした取り組みが行われており、その一環として「認知症徘徊模擬訓練」（以下、「模擬訓練」）が２００４年から実施されていました（２０１９年から「ほっとあんしんネットワーク模擬訓練」に改称）。この訓練の目的は、表６―１のとおりです。主な目的は１と２で、これらが相まって３をめざしていこうというものです。もともとは、２００４年に、ある小学校区で始まった「模擬訓練」をさらに広域化するために、２００７年に市内全域での実施をめざすことになりました。そして、この訓練は小学校区ごとに表６―２のような実行委員会を立ち上げ展開していきます。

私が勤務する病院が所在する白川小学校区でも２００７年から実施することが決まり、私は事務局に立候補しました。「地域の力が高まることで、ひとりでも多くの患者さんが自宅に帰れるようになるのでは」と期待したからです。

2 白川小学校区での取り組み

「模擬訓練」実施の当日を迎えるまでに、校区内の自治会や民生委員に趣旨を説明し理解を求めましたが、よい反応は得られませんでした。「これ以上、業務を増やさないでほしい」「なぜ、認知症の他人の支援をしなくてはならないのか」などの理由から、実行委員会も開催するには至りませんでした。当日は「認知症の勉強会」と「1人の認知症役の人が地域を歩いて、声かけをしてもらう」というプログラムを用意していましたが、参加者は9人、声かけは1人の高齢者に2時間歩いてもらい、わずか1件でした。さらに一部の参加者からは「なぜ認知症の人を地域住民が見守らなくてはならないのか」「それよりも施設をつくるべきなのでは」と厳しい言葉が聞かれました。

このとき、心が折れそうになった私の背中を押してくれたのは行政職員と地域包括支援センターのスタッフでした。「必要なことなので、一緒に取り組んでいこう。私たちが盾になるから」と改めて実行委員に趣旨を伝えに回りました。その後、少しずつ「模擬訓練」の趣旨が伝わり、地域のふれあいやネットワークの必要性についての勉強会やワークショップ、そして飲み会などが実施できるようになりました。

写真6-1　退院前のカンファレンスの様子

徐々に関係性が深まるなかで、住民からは「地域力を高めていく必要性は十分にわかるが、自分の組織だけではマンパワーが足りない。これ以上役員に負担をかけると、なり手がいなくなる」「自分もできれば自宅で住み続けたい」など、さまざまな本音が聞かれるようになりました。これらの意見をふまえ、活動の継続のためにも「模擬訓練」の実行委員会を統合し、私たちや地域包括支援センターも加わった任意団体「白川ふれあいの会」を２００９年に設立しました。

それ以降、白川小学校区における「模擬訓練」は「白川ふれあいの会」の主催で、１年に１回の定例行事となり、徐々に参加者は増えていきました。また地域のつながりに関心が高まるなかで、「人と人がふれあう場所が必要」「校区内で支援が必要な人に支援を提供する体制が必要」「認知症の人への支援も必要だが、子どもへの支援も不可欠」などと地域生活に関するさまざまな意見が聞かれるようになりました。そこで、2010年に「NPO法人しらかわの会」を立ち上げ、さらなる地域福祉活動を実施することになりました。

これらの経過のなかで地域に多くの支え合いが生まれ、いわゆる「互助」が形成されていきました。そして、私が勤務する病院からも多くの患者さんが自宅に戻ることができるようになったのです。医療・福祉事業所と住民が連携し、多くの人が地域福祉活動を行い「困っている人への支え」が生まれたことを、うれしく思いました。

3 地域で暮らし続けるためのハードル

2012年に当法人が地域包括支援センターを受託したことに伴い、私は地域包括支援センターに異動になりました。地域包括支援センターは、主に高齢者の相談を受ける機関ですが、実際には、家族による「ホームヘルパーを利用したい」「デイサービスに通わせたい」という相談が多く寄せられました。

高齢者の自宅を訪問し、話を聞いてみると、身体機能や認知機能の低下に伴い以前のような生活ができなくなっていることはわかりましたが、同時に、そのすべてを介護保険サービスで解決できるわけではないことも明らかになりました。例えば、買い物についての課題として「レジに並ぶのがきついから、買い物をやめてホームヘルパーをお願いしたい」「財布からお金を出すのに時間がかかるから行きたくない」などの相談がありました。それらの課題のなかには、まちや生活を支えるさまざまな資源が超高齢社会に適したものにアップデートされれば解決できるものもあると感じました。つまり、まちの商店やコンビニエンスストア、金融機関など、住民の生活に密着している企業が「超高齢社会における自企業の生業」について、改めて考える必要があると思ったのです。

大牟田市の人口は60年ほど前と比較すると、およそ半減しており、3人に1人以上が高齢者です。つまり、顧客の3人に1人は高齢者であり、企業が、高齢者や認知症の人のニーズに気づく機会が必要だと考えるようになったのです。そこでまず、「まち歩き」を行い、一緒に活動してくれる知り合いを増やそうと考えました。

4 「まち歩き」からみえてきた大牟田市

「まち歩き」の1軒目として、住宅街にあるスーパーマーケットに行きました。2代目が店長を務めていて、以前に比べると客足は格段に少なくなっているということでした。以前からのお客さんが何らかの理由で来店できなくなった場合には、商品を配達しているということでしたが、それはほぼ無利益に等しいので、積極的には実施したくないと話してくれました。

2軒目は、旧繁華街にある眼鏡店に行きました。この店も以前に比べると急激に客足は遠のいているということでした。この状況を打開するために有志で「買い物に困っている人たち」に向けた出張販売の企画を考えているが、福祉施設を訪問しても不審がられて断られるという話を聞くことができました。

ほかにも数店舗でヒアリングを実施しましたが、いずれの商業関係者も超高齢社会に適応するべく、実際に何かしらのアクションを起こしていました。しかし、それはボランティアベースの活動が多く、持続的な活動といえるものではありませんでした。そこで、先の眼鏡店を中心に、商業関係者と福祉関係者の有志30名程度でワークショップを開催することにしました。福祉関係者には私が声をかけ、商業関係者には眼鏡店より声をかけてもらいました。当日は「超高齢社会を考える」をテーマとして、「困っていること」と「もったいないこと」をお互いにシェアする時間を設けました。このワークショップを通して、とても興味深い企画が多数生まれましたが、なかでも特に反響のあった「出張商店街」と「出張ゼミ」について紹介します。

5 「出張商店街」と「出張ゼミ」

私たち福祉関係者は、買い物に困っている住民が多く集まるサロンや福祉施設を知っています。一方、商業関係者はそれらの情報を全く知りませんでした。個人に商品を届けることは、利益が少なく移動時間もかかり、継続的なビジネスとしては成り立ちにくい可能性がありますが、多数の人を対象にすれば、売り上げも上がりやすくなります。そこで誕生したのが商店街が丸ごと移動し、出店をならべる「出張商店街」です。数年が経過した現在では、保育園などの催事にも呼ばれるようになり、年間100回以上実施しているそうです。

一方、「出張ゼミ」とは、商業関係者にサロンなどの場に来てもらい、パン屋さんであれば「パン教室」、化粧品屋さんであれば「お化粧教室」などを実施してもらうという企画です。私たちは「互助」の関係をつくるためにサロンの開設を促していますが、サロンでの企画を考えることに苦労している人が多い点に目を付けました。「お茶を飲む」ことが目的のサロンには足が向かない高齢者も、プロが実施する教室であれば参加しようと思うこともあります。商業関係者は店のアピールにもつながります。

商業関係者と福祉関係者のワークショップは、このように、お互いの「利益」を生み出す事業です。ほかにもこのワークショップを通じて多数のつながりと企画が生まれました。

6 ワークショップから生まれた新たな変化

これらを通じて新たな変化も生まれました。ある「出張商店街」では、300円の団子を購入するために、いつも1万円札を差し出す高齢者がいました。商業関係者は9700円のおつりを用意するのですが、その高齢者の財布には小銭がたくさん入っていたそうです。商業関係者は、このような場面に出会ってはじめて「商売のために認知症に詳しくならなければ」と考え、「認知症」に

写真6-2　加盟店のマップ

ついて学びました。そして、「認知症サポーターのいる商店街」となりました。

　また、ある商業関係者に「認知症の啓発イベントがあるので来てください」とお知らせをしたところ、「それはどんな利益につながるのか？　福祉関係者はボランティアベースで活動している人が多すぎる。それでは、利益を求める人たちは耳を貸してくれないと思う」と指摘を受けたことがありました。主体的で、持続可能なまちづくりには、何らかの「価値」を加えることは必須であると思われます。ほかのセクターを招き入れる際には、そのセクターの事情を考慮することが求められるのです。

　その後も、このワークショップには「まちを想う人」が多数訪れ、みんなで「超高齢社会をどう生きるか」を話し合う場となりました。同時に、このような経過のなかで、「認知症の人を地域で支えよう」という雰囲気はさらに高まっていきました。

3 模擬訓練における違和感 ―だれのために、何のために

1 「模擬訓練」の経過と広がり

行政と民間事業所、そして住民のなかで「模擬訓練」というツールを通じて「支え合い」が生まれ、また、まちを構成するさまざまな人たちが何らかの価値を見出し、認知症の人を支える事例を紹介しました。ここで、改めて2004年に開始された「模擬訓練」のその後の経過、そして今後の課題について詳述します。

白川小学校区における、第1回の「模擬訓練」は2007年に実施されましたが、その年度の参加者は9名でした。それが、その翌年は80名、そして2009年以降は200名前後の参加者が集まるなど、活動は広がりを見せました。

「模擬訓練」の目的は、表6―1（171頁参照）に示すとおりですが、二つ目の目的であるネットワークを整備することはとてもむずかしい状況がありました。ネットワークとは、地域住民が行方不明になった際に、できる限り早期に状況を伝達するためのものであり、ツールは電話や

ファックス、メール、アプリなどさまざまです。2年目に、電話連絡網の作成を試みましたが、住民からは「なぜ他人である認知症の高齢者のために電話連絡しなくてはいけないのか」「それは警察がやるべきこと」というような反応が多く、まずは一つ目の目的である「啓発」を行い、地域住民に認知症のことを身近に感じてもらう、つまり「我が事」「地域事」にしてもらう必要があると感じました。そこで「模擬訓練」では、多くの「行方不明の認知症役の人」にまちを歩いてもらい、多くの人から声をかけてもらおうと考えました。しかし実際には、人通りがほとんどなく、声をかけてくれる人はいない状況でした。3年目からは、1人の認知症役の人に対して3人のサポーターを配置し、そのうちの1人が地域住民の自宅を事前に訪問し、模擬訓練の趣旨を説明して「いまから認知症役の人が来るので声をかけてほしい」と伝え、その後に認知症役の人が登場し、身近に感じてもらうという方法を取りました。また、より広い年齢層の人の関心を集めるために、2人のサポーターは小中学生が担い、アンケートや啓発を行いました。

このような方法をとりながら、徹底的な啓発を実施した結果、認知症の人を支えようと考える住民は着実に増えていきました。そして住民側から「認知症の人が行方不明になった際、直ちに住民に情報を伝え、捜索できるようなネットワークをつくろう」という声があがり、2016年からは電話連絡網の整備およびアプリを使った情報連絡網が整備されました。2008年から地域の中学生が啓発用のポスターを毎年、描いてくれています。また、地域のボランティア活動が活発になるなかで、小学6年生全員が「ジュニア民生委員」となり、さまざまな地域活動に協力しています。

写真6-3　中学生による啓発用のポスター（例）

写真6-4　模擬訓練に参加するジュニア民生委員

行政、民間の医療・福祉事業所、そして地域の住民とともに始まった「模擬訓練」は、企業や地元の教育機関を巻きこみ、認知症の人をはじめとした地域住民を支える取り組みへと成長していきました。

「模擬訓練」は、認知症の人だけでなく、だれもが安心して暮らせるまちづくりを目的として、官民協働で15年間にわたり歩んできました。その結果、近隣住民等の見守りのなかで、認知症の人が地域で暮らし続けることができ、行方不明となった認知症の人の早期発見・保護にも大きな成果がみられるようになりました。これは、行政や支援にかかわる専門職だけでなく、地域住民や市民の日常生活に関係する店舗・事業所の人たちの参加・協力なくしては、成しえなかったものであると思っています。

2 聞こえてきたいくつかの「違和感」

私たちは、このような取り組みに充実感と誇りをもち、毎年、視察に来る多くの自治体や地域に広がることを願っていました。しかし、一方で、２０１８年ごろから違和感をもつ出来事が耳に入るようになりました。

一つ目は、ある地域の地縁組織の役員の話です。その人は、「模擬訓練」を始めたときから中心的な役割を担っていました。「模擬訓練」を始めた当時は70歳でしたが、現在では80歳を超えています。もの忘れが気になったため、近くの病院の認知症外来を受診したところ「軽度認知症」の診断を受けたそうです。そのことを知った多くの住民は、心配し、その人が参加するサロンでは、本人が立ち上がれば声をかけ、帰ろうとすれば家まで送ることを申し出るという状況が生じました。その人は「認知症になっても何も変わらないのに、うっとうしい」と嘆きました。

二つ目は、一人暮らしの認知症高齢者の話です。その女性はとても社交的で老人会の催事や旅行、地域で開催されるサロンなどを楽しみに生活をしていました。ところが、地域のなかで「認知症なのではないか」といううわさが広がり、住民は、本人を気にかけるようになりました。ある日、住民のひとりが、その女性の自宅の外に置いてあったごみを本人の同意を得ずにごみの集積場に運び、自宅の玄関のまわりの草むしりをしました。それを知った本人は、「なぜ、そんなことを勝手にするのか。私を何だと思っているのか！」と激怒し、それ以降、地域の行事には全く顔を出さなくなりました。数か月後、その女性が自宅でひとり亡くなっているのが発見されました。

三つ目は、夫と二人暮らしの80歳代の女性の話です。その女性は認知症があり、ある日、外出先から帰ってこなかったので、夫が警察に捜索願いを提出しました。その数時間後には、市内数千人に対し、メールやファックスが届きました。私も情報を把握し、捜索に加わりました。情報を元に捜索した結果、たまたま私が本人を発見するに至り、警察署で夫を待ちました。しばらくして現れた夫は、いきなり本人の顔を叩くような仕草を見せ「お前は、こんなに多くの人たちに迷惑をかけて！」と怒鳴りました。その日は、そろって自宅に帰りましたが、数日後に本人は施設に入所したと聞きました。地域包括支援センターに理由を聞いたところ、本人の支援者や近隣の人から夫に対して、「何かあったら言ってくれ」「地域での見守り体制をつくったほうがよい」など、さまざまな提案があり、夫は「自宅に住み続けるのが申し訳ない」と言って妻の入所を決めたと聞きました。

いずれの事例も地域住民の善意と「認知症の人を支えよう」という気持ちから生まれた行動の結果です。つまり、長年の啓発により「認知症の人＝支えなくてはならない存在」になっているのではないかと考えさせられました。

同じころ「ＮＰＯ法人しらかわの会」の前原理事長（２０１８年当時）が大牟田市内で開催された「模擬訓練」の決起集会で、「白川校区における「模擬訓練」の成果と課題」について、次のような話をしました。

私は２００７年から模擬訓練に参加し実行委員長として活動してきました。模擬訓練の目的である「啓発」と「連絡網」の整備、そしてその活用ができるようになることに取り組んできました。その結果、それらの体制が構築できつつあります。これは熱心に「認知症の人を支えましょう」と言い続けてきた結果だと考えています。しかし、一方では懐疑的になっていることもあります。長年、この訓練に携わってきた人が認知症になり閉じこもっています。これは「認知症になっても安心して外出できる」という目的とは逆の結果です。私自身に置き換えてみると、認知症になったら「恥」をかきたくないので自宅にひきこもるだろうと思います。自分のなかの認知症像が「それ」であるとすれば、多くの住民も「そう」なのではないでしょうか。訓練が「それ」や「そう」をつくってきたのかもしれません。

これらのエピソードから気づかされることがあります。それは、確かに「模擬訓練」を通して地域住民に認知症の理解が広がりましたが、その反面、認知症の人を「支えられるべき人」としてクローズアップしてしまった部分もあるのではないかということです。認知症の人には何らかの支援が必要であることは事実です。しかし、認知症になったからといってすべての人に同じような支援が必要なのではなく、それぞれに応じた支援の仕方があります。また、支援者側の「一方的な支え」が、その人の新たな「生きづらさ」を生んでしまうこともあるのではないかと思います。多くの人たちの認知症のイメージが、「一方的に支えられる対象」になってしまうことにより、本人および家族の生きづらさを助長してしまうこともあるのです。

認知症の人が自宅で暮らし続けられるようにと、地域住民の支え合いを構築してきたつもりでしたが、一方では住みづらさを抱えさせてしまっている一面があるということを否定できませんでした。それは、「認知症の人は支えられるべき人」という固定概念が私自身のなかにもあり、「だれもがなり得る」などと危機感をあおりつつ、それを啓発してきただけだったのではないか……と思いました。

「模擬訓練」は、「だれのために、何のために」実施してきたのか……。そして、今後も実施していくべきなのだろうかと、仲間とともに途方に暮れました。

4 本人の声を聴くということ ―人との向き合い方を通して

1 再スタート！

これらの出来事を受けて、仲間と状況を共有し、「模擬訓練」のあり方、啓発の仕方について議論を深めていきました。ほかの小学校区を担当する者も、少なからず同じような事例を経験し、頭を悩ませていました。課題として、表6―3のようなことが共有されました。そして、認知症の当事者の想いを受け止めて、「認知症だから」という理由で見守りを強調したり、「SOS」としての安全確保や緊急性だけを訴えるのではなく、また、このネットワークが子どもや障害を抱える人、生活困窮者を含め、だれにとっても支えとなり得るネットワーク（「希望宣言」でいうところの「味方」（68頁注）参照））になることを願い、2019年から「ほっとあんしんネットワーク模擬訓練」と改称[注1]することになりました。また、これからは改めて認知症のイメージを変えていこう、つまり啓発のあり方、必要性も含めて、当事者とともに考えていこうという原点に立ち戻りました。

表6-3 「模擬訓練」における課題

- 「認知症SOSネットワーク模擬訓練」は、認知症の人はみなSOSを出しているように思え、偏見を助長しているように思える。
- 声をかける方法の寸劇などを実施しているが、笑いを誘うような面があり真の啓発になっていない。
- 本人は「模擬訓練」のあり方をどのように感じているのか。必要性を感じているのか。

同時に、2019年6月に開催された「認知症フレンドシップキャンペーン～メモリーウォーク2019」に登壇した、当事者である丹野智文さんが「介護者がよかれと思ってすべてをやってあげたり、あるいはできないと決めつけてすべてをやってあげたりする「善意の押し売り」は、当事者に自信を失わせるだけでなく、本当にすべてをできなくさせてしまう」「私がみなさんの前に立って話すのは、不安をもっている当事者に前向きになってほしいから。そして、家族やまわりの人たちに、当事者を守りすぎているということに気づいてほしいと思ったからです」と発言していたことを思い出しました。

2 「認知症」のイメージを変える「本人ミーティング」

再スタートの足がかりとして、まずは認知症の本人による「本人ミーティング」を大牟田の地で実施することにしました。当日に至るまでチラシや看板には「認知症」と書くべきか、当日はどのようなことをテーマに話し合いをすべきか、家族には同席してもらったほうがいいのかなど、さまざまなことに悩みました。

この一連の経過を「認知症未来共想ハブ」[注2]の代表である堀田聰子さん（慶應義塾大学大学院教授）に相談したところ、丹野智文さんを紹介してもらいました。本人ミーティングの実施に向けて丹野さんに事前の相談をすると、「認知症、認知症って言っているからだめなんだよ。テーマなんて何もいらない。当日は僕が行くから大丈夫。安心して」と言われ、それ以降の打ち合わせは不要だと言われました。数年前から丹野さんとの面識はあり、そのキャラクターはよく知っていたのですが、それでも正直なところとても不安でした。

当日を迎え、認知症の本人と家族、数名が会場に集まりました。ほかには担当の介護支援専門員なども参加していました。簡単に会の趣旨を説明した後は、丹野さんが進行を引き受けてくれました。自己紹介の後、丹野さんから「ご家族とご本人は、別々に話をしましょう」と提案がありました。家族は心配そうではありましたが、別室に移動しました。それから丹野さんは本人とともに

「大牟田のおいしいものって何？」「楽しい場所は、どこ？」など、楽しく日常会話を始めました。それに応えるように会場は盛り上がり、本人たちは終始笑顔で対話を楽しんでいました。

それから1時間ほどが経過し、大盛況のうちに閉会の時間になりました。本人からは「ひさしぶりに大笑いしました」「また開催してほしい」などの声が聞かれました。また家族からは「夫があんなに楽しんでいる姿をひさしぶりに見ました」「家では全く話さないのに、話せるんですね……」など、多くの家族から同様の声を聞くことができました。

スタッフに対しては、丹野さんから「みなさん、認知症の人に困っていることはないですか？と聞いて結論を求めようとしているでしょう。いきなり困っていることはないか？　なんて聞かれても、答えられないですよ。そもそもそれが固定観念じゃないですか？　関係性をつくって、作業をともにしながら、その言葉が聞かれるようになるものです」と指摘を受けました。さらに、「認知症というのは環境により大きく変わります。ご本人が安心できる空間であれば、心の内を話されます。そのような空間をつくることが大切です」と言われました。この言葉を聞いて、私自身のなかにある認知症像がいかに硬く、固定化したものであるかを思い知らされました。

大牟田市では、その後も、毎月1回、本人ミーティングを開催しています。そして、そこで聞かれる認知症の人の言葉をきっかけに「認知症にやさしいまちづくりプロジェクト」が発足しました。「認知症になってどのような状況になるのかを知りたかったが、図書館に行っても参考になる図書を見つけることができなかった」という声をもとに、本人とともに図書館へ向かい「認知症にやさしい図書館」を立ち上げたり、さらには「認知症にやさしい動物園」「認知症にやさしいスーパーマーケット」など、認知症の本人の声を起点にさまざまな事業が始まっています。

3 「DAYS BLG!」との出会い

この時期には、東京都町田市にある「DAYS BLG!」(以下、BLG)の前田隆行さんとの出会いがありました。BLGについては、単に「働いて対価を得るデイサービス」という認識でしたが、前田さんは「社会参加活動はツールであり、BLGがめざしているものは〝素になれる場所〟です」と話してくれました。「認知症の人が素になれる場所」とはどういうものなのか……。私は早速、BLGに足を運びました。その場所は住宅街の一角にあり、「駄菓子屋」の看板や「包丁研ぎ」ののぼり旗があり、通常のデイサービスとは異なるたたずまいでした。

中では、職員と利用者(BLGではメンバーと呼んでいます)みんなで、一つのテーブルを囲み、お茶を飲みながら、1日の過ごし方をそれぞれ決めていました。一歩、足を踏み入れた私は、「この空間は何だろうか」と衝撃を受けました。人前で平然と「自分は認知症である」ということをネタに本人同士が笑い合っている……。いままで「認知症」をどこかでタブー視しており、認知症の診断を受けた人に対して「認知症ですか?」と聞くことを躊躇していました。前田さんの言う「素になれる」とは、一体、どのようなことなのだろうか……。私はすぐに、この空間に引き込まれていきました。

その日は大手自動車販売店での洗車活動があるということで、この活動に同行することにしました。移動中の車内では認知症の話題になり、「認知症と聞いたときは絶望しましたよ。でも、ここには同じ状態の仲間が多数いるんですよ。だから何でも話せるし、楽しい」と、あるメンバーが話しました。すると、となりに座っていた別のメンバーは、「命がなくなるわけじゃないし全然いいよな。ちょっと忘れるくらい何ともないしさ」と、これまた楽しそうに笑っています。そこは来訪者である私にとっても何の遠慮もいらない、気持ちのよい空間であり、私自身もいつの間にか「素」になっていました。

外出しようとして、「ここにいてください」と注意されると怒る人がいますが、BLGではそのような状況は見られません。つまり、ほかの場では「外出ばかりして困る人」とされる人が、BLGでは「洗車やポスティングなどの仕事を通して社会とつながり、社会を助けている存在」になっています。もちろん、認知症の症状はあるのですが、仲間とつながり、助け合い、失敗をしても許され、笑い合える場があるので、〝認知症〟であることは特に問題ではなくなります。つまり〝認知症〟が薄れていくのです。固定された状態ではない認知症を理解すること、環境やまわりの人が変わっていくことが大切であると感じました。私はこの日、「もしかすると認知症は、私たちや社会側がつくっているものなのかもしれない……」、そう思いながら帰路につきました。

5 これからの実践に向けて

1 本人が輝ける社会づくりへ

大牟田市のこれまでの実践は、①行政と専門職の協働、②行政と専門職、地域住民との協働、③行政と専門職、地域住民、企業との協働など、いくつかの局面に分けてふり返ることができます。すべて「認知症の人のよりよい生活」を目的として取り組んできたことはいうまでもありません。しかし、いつの間にか「支えること」を目的とした事業になっていた側面もみられます。ビジョンの設定が、認知症の「本人」ではなく、「本人を支える主体」である家族や専門職の課題になっており、「問い」の設定にずれが生じていたのかもしれません。これからは、認知症の本人が「住みたいまちを提案する」「素になり、仲間と活動をともにする」という取り組みが必要だと感じています。

そのために、2018年から一つのプロジェクトを始動させました。それは、介護サービスを利用中の認知症の人が、社会参加をしたり、活躍できる社会をつくっていくというものです。そのために企業関係者、医療・福祉事業所職員、行政、地域包括支援センター職員等で「認知症の人が企業に出向き〝ハタラク〟ことを目的」としたワークショップを開催しました。

第1回目は、当時、厚生労働省政策企画官だった野崎伸一さんを講師に招き、「少子高齢化・人口減少を乗り越える　～「地域共生社会」がめざすもの～」をテーマに、これからの日本が抱える課題と乗り越えるためのポイントについて解説してもらいました。特に、生産年齢人口（15～64歳）と子どもの人口が急速に減少し、今後20年間で約半分になり、担い手の減少は、地域社会・地域経済全体に及ぶという話については、企業関係者に大きなインパクトを与えました。

第2回目は、BLGの前田隆行さんに「The dementia from friendly Communities　～日本の未来を創る～」というテーマで、認知症の人が社会参画し、役割を見出すことの価値について話してもらいました。

その後もワークショップを重ねるなかで、企業関係者と医療・福祉事業所のマッチングがかなうなど、多くの成功事例が生まれました。ここでは、そのなかの二つの事例を紹介します。

1 宅配業者とのマッチング事例

一つ目は、大手宅配業者と小規模多機能型居宅介護とのマッチングの事例です。宅配業務の一部を介護事業所の利用者が請け負うことにより、企業の人材不足だけでなく、車を使わずに歩いて宅配するため、自動車事故の減少にも貢献しています。

実際に仕事を担当する認知症の女性は、数年前に高次脳機能障害を抱え、隣町まで歩いて行き、

写真6-5　荷物を配送する高齢者

行方不明になったことがありました。介護事業所としては地域のなかでの見守りの必要性を感じており、本人には「社会に貢献したい」という希望がありました。

この取り組みが始まった当初（2019年2月）は、宅配業者のジャケットを着用した高齢の女性が荷物を配達する様子は、地域の住民にとって「めずらしい光景」でしたが、いまでは「今日もお疲れさま！」と声をかけ合うなど、地域のなかで活き活きと暮らす姿として映っています。また、この女性が配達に行く日は、事業所のほかの利用者にも活気がみられ、利用者同士の会話や活動も盛んになるという効果もみられています。

2 自動車販売店とのマッチング事例

二つ目は、大手自動車販売店とデイサービスとのマッチングの事例で、自動車販売店の展示車の洗車業務をデイサービスの利用者が請け負うことになりました。

企業側には、人手不足の解消というメリットはもちろんありましたが、経営者の父親が要介護状態ということもあり、たとえ認知症になっても身体が不自由になっても「働く」ということが大切であるため、ともに「新しい形をつくろう」と協力してもらえることになりました。数名の男性が、定期的に洗車活動に励んでいます。

この活動に取り組んでいる人のなかに、60歳代前半で脳卒中から片麻痺となり、一時期は車いすでの生活になると言われていた人がいます。この洗車活動により仲間ができて、報酬を得られることからとても前向きになりました。給料日には、妻が好きなジャムパンをプレゼントしているそうです。認知症の人は支えられるだけの存在ではありません。認知症になったとしても、私たちと同じようにだれかとともに、そして、だれかのために生きたいのだということを実感しています。

2 これからも、仲間とともに

大牟田市の取り組みの特徴の一つは、専門職が認知症の人や家族を支えるだけでなく、地域の住民や医療・福祉事業者、企業、そして行政がかかわり合うなかで地域全体として認知症の人や家族を支えることをめざしてきたことです。しかし、その「支える」という言葉が、地域全体に浸透することにより、実は認知症になった本人を苦しめたり、あるいは「なりたくない病気」と位置づけてきたという面もあります。

今後、大牟田市の高齢化率はさらに高まり、2045年までに10・3ポイント上昇し、45・4%に達すると予想されています。[2] 今日よりも認知症の人が増えていく時代を迎えることは明らかです。そのなかで私たちは、この社会をどのように歩んでいくのでしょうか……。ここで綴ってきた、私自身の取り組みを知っていただくことで、みなさんのなかにある「認知症観」が少しでも変わることを願うばかりです。

最後に、これまで悩みや活動をともにしてくれた仲間に改めて感謝しつつ、これからも認知症の人とともに明るい未来を願い、自分の果たすべき役割を模索し続けていこうと思います。

注1）2007年から、警察署が所管する「高齢者等SOSネットワーク及び校区住民等によるネットワーク」を総称して、「大牟田市ほっと・安心（徘徊）ネットワーク」とし、訓練名を「徘徊SOSネットワーク模擬訓練」と称していた。「徘徊」という言葉を使わないと決めた2015年以降は「大牟田市ほっと・安心ネットワーク〜認知症SOSネットワーク模擬訓練」となっていた。

注2）当事者の想い・体験と知恵を中心に、認知症のある人、家族や支援者、地域住民、医療・介護福祉関係者、企業、自治体、関係省庁および関係機関、研究者らが協働し、ともに未来を創る活動体。

引用文献

1）国立社会保障・人口問題研究所「日本の地域別将来推計人口（平成30（2018）年推計）」
2）同右

第7章

認知症のある人の仲間づくり、役割づくりが社会を変える

前田隆行（まえだ・たかゆき）

1976年、神奈川県生まれ。NPO町田市つながりの開「DAYS BLG！」代表。認知症の人の「働きたい」「社会とつながりたい」「人の役に立ちたい」という想いを実現するため、また、認知症の人が活き活きと活躍し、役割を発揮するため、本人とともに、人と人、人と場をつなぐ活動を行う。

1

仲間づくり、役割づくりの認知症ケア

1　DAYS BLG!がめざすもの

2012年6月に特定非営利活動法人「町田市つながりの開」を立ち上げ、同年8月より地域密着型通所介護を立ち上げました。それがDAYS BLG!（以下、BLG）というデイサービスです（表7―1参照）。ここでは〝利用者〟と〝スタッフ〟という支えられる側と支える側の線引きをせず、そこに集うすべての人を「メンバー」と呼んでいます。「働きたい」「社会とつながりたい」「人の役に立ちたい」などの想いを実現する場所として、再び社会の一員となること、生活者として、納税者として自分の力で生活を継続できることをめざして、ほかのメンバーと一緒に日々、活動しています。

名称の由来は、次の言葉の頭文字を組み合わせています。「DAYS」は「日々、毎日」、「B」は「Barriers：障害」、「L」は「Life：生活」、「G」は「Gathering：集う場」、そして「!」は「Exclamation：発信」。日々の生活に困難を感じる場面や場所、それら社会環境が障害であり、生きにくさを感じている人たちが集い、発信していくことで、生活しやすい社会をつくっていくという意味が込められています。つまり、人を変えるのではなく、まわり（環境）を変えていくことで、だれにとっても生活しやすい、やさしい地域をつくっていくことをめざしているのです。

2 その日やることは、自分で決める

ＢＬＧは、折り紙や塗り絵といったレクリエーションを一律に行うといった、一般的な通所介護施設とは少し異なります。活動として、①対価を得る労働（有償ボランティア）、②地域社会や人の役に立つボランティア、③家や施設など所属している場所の役に立つことの3種類の「働く」機会を自ら選択します。例えば、②では、地域の子どもたちのために駄菓子屋を開く、学童保育クラブで認知症のある女性と孫の生活を題材にした紙芝居の読み聞かせをする、③では、コーヒーの豆挽きやリンゴの皮むき、書類整理や事業所内の掃除等といった作業があります。そして、特筆すべきが①の有償ボランティアです。

ＢＬＧで受託している仕事および有償ボランティアの謝礼は、表7―2のとおりです。

表7-1　BLGの概要

所在地	東京都町田市成瀬台3-15-19
形　態	地域密着型通所介護
定　員	13名／日
平　均 要介護度	要介護2.3
職　員	3名／日（常勤1名、非常勤2名）
資　格	介護福祉士、精神保健福祉士、 介護支援専門員、理学療法士

表7-2　BLGで受託している仕事と謝礼

仕事の内容	謝礼
・カーディーラーでの洗車作業	20,000円／1か月
・遊園地のベンチ清掃	1,000円／1回
・地域新聞のポスティング	2～4円／1部
・医薬品メーカーの人事スタッフ教育協力	約10,000円／2か月くらい
・福祉レストランと協働した発送作業	約8,000円／3か月くらい
・大学や専門学校での認知症当事者からの学び授業への出講	10,000円／1回
・企業のノベルティグッズの袋詰め	1,000円／1回
・日用品メーカーのユニバーサルデザイン商品開発協力	50,000円／5回
・駄菓子の仕入れと棚卸、販売	無償
・学童保育クラブでの紙芝居読み聞かせ	無償
・家庭での電球交換（地域限定）	無償

メンバーは多様な「働く」活動のなかから、自分のやりたいことを選択します。例えば、3種類の有償ボランティアを提案し、それぞれが希望する「働く」活動を選択します。もちろん「働く」ことを望まない人や望まない日もありますので、その日、そのときの気分に合わせて、買い物や散策などを選択することも可能です。自分で選択することがむずかしい人や言葉が出にくい人もいますが、そのときは「待つ」ことや本人が選びやすくすることを大切にしています。活動の内容をイメージしにくいようであれば、具体的な動作を伝えたり、例えば、仲間が「洗車にする」と言った直後に、「○○さんはどうしますか?」と声をかけると、「私も一緒に」というように、自然に選択

写真7-1　カーディーラーでの洗車作業

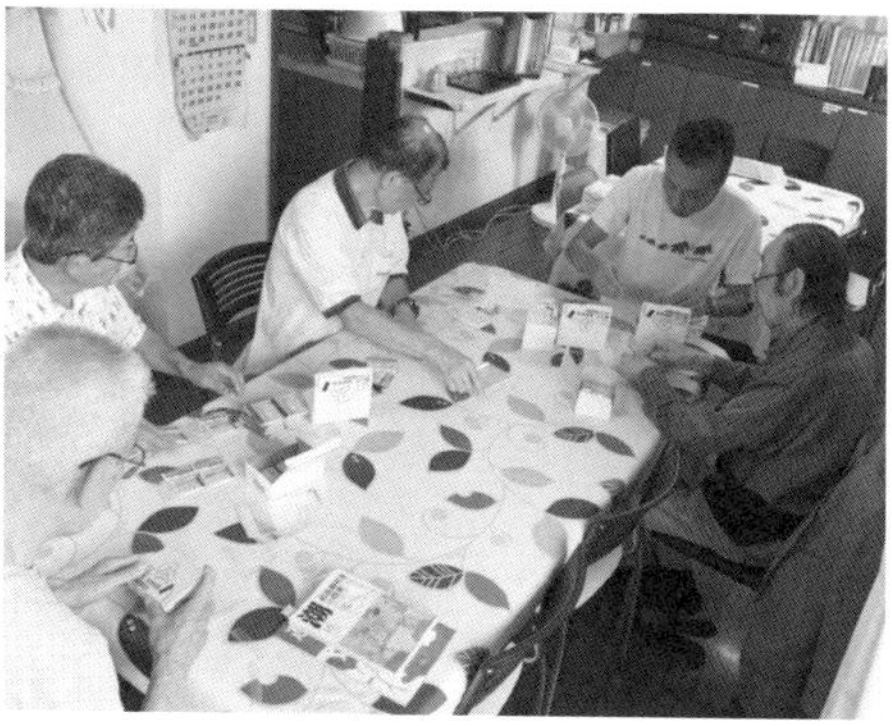

写真7-2　企業のノベルティグッズの袋詰め

できることもあります。

私たちの日常は「選択の連続」です。これは、認知症であってもなくても同じであり、1日をどこで、何をして過ごすかを自ら選ぶことは、生きるうえでの基本であり、満足感につながると考えています。また謝礼を受け取ることはメンバーにとって、社会の役に立ったこと、再び社会の一員になれたことの確かな証明となり、充実感をもたらします。つまり、BLGでは、認知症になってもあたりまえの日常が継続できる環境をつくっているのです。介護保険法では、通所介護サービスなどの保険給付について、「可能な限り、その居宅において、その有する能力に応じ自立した日常生活を営むことができるように配慮されなければならない」と記載されています。私たち専門職は、法制度に則り「あたりまえの日常を継続できるよう」サービスを提供しなければなりません。BLGでは、それを実践しています。

3 「仲間」という大切な存在

❶ BLGでの1日

ここでBLGでの1日の流れをふり返ってみます。大まかなスケジュールは表7―3のとおりです。ミーティングでは、その日の活動をメンバー自身で決めてもらうために時間をかけて一人ひとりていねいに話を聞いています。

もちろん昼食もその日の気分次第。弁当を購入してBLGでゆったりと食べるグループ、外食を楽しむグループ、カラオケに弁当を持ちこみ、歌いながらのランチを楽しむグループなど、それぞれが昼食メニューや食べる場所を選択します。「上げ膳据え膳」というような非日常ではなく、日常生活の延長線上でとらえているのです。

表7-3 BLGの1日（例）

09：30	BLG到着
10：00	朝のミーティング ①カーディーラーでの洗車 ②地域新聞のポスティング ③買い物 ④調理、その他
10：30	活動スタート
11：30	活動終了
11：45	ランチタイム ①外食 ②カラオケランチ ③お弁当
13：00	午後のミーティング ①遊園地のベンチ清掃 ②野菜の配達 ③散策 ④事業所の雑務
13：30	活動スタート
15：30	ティータイム
16：00	本日のふり返り ①午前／午後の活動 ②昼食 ③1日を通じてどうだったか
16：30	BLG出発

昼食が終わり、メンバーがＢＬＧに再び集まると午後をどう過ごすかを全員で話し合います。それは「午後のミーティング」と呼んでいます。午前中と同様の活動を行うこともあれば、季節の移り変わりを感じに公園へ出かけたり、畑で収穫、たけのこ掘り、栗拾い、柿狩りなど、趣味的な外出活動をすることもあります。

午後の活動もメンバー自身で選んで決めます。そして、それぞれが選んだ活動へとグループごとに赴きます。メンバーは、１日を通じて単に「活動」を選んでいるだけではありません。そこには仲間という大事な存在があります。「仲間と一緒だから、この活動を選ぶ」というメンバーが多いのです。本当はやりたくない活動であったとしても、仲間がその活動を選んだから、自分もその活動に参加するというメンバーも少なくありません。仲間がいるから、仲間に会えるからＢＬＧに参加するのです。

午後の活動が終わると、再びＢＬＧに集まり、ティータイムを挟みながら一人ひとりが「１日のふり返り」をします。メンバー自身にその日の記憶をたどってもらうというねらいはありますが、大切にしていることは「いまの気持ち」を言葉にしてもらうこと、実感をもってもらうことです。活動について記憶していない人も多いのですが、「何をしたか憶えていないけれど、楽しかった」「何をしたか忘れちゃったけれど、みんなで取り組んだことをやり切った」などとふり返るメンバーが多いです。その充実感と、活動することで得られる心地よい疲労感をもち帰ることが大切だと考えています。

❷ 大切な仲間の存在

人が強い不安を感じるのは、つながりを失うときです。社会とのつながり、仲間とのつながり、そして居場所を失ってしまったとき、不安や悲しみに陥るのはだれでも同じです。BLGは、仲間がいて、つらい気持ちや悲しい気持ちも、うれしいことや楽しいことも共有でき、自分が「素」になれる場所なのです。だからこそ、メンバーは今日も休まず参加するのだと思います。

自分の弱さをさらけ出せる場所、弱さを開示しても責められることがない場所、そんな仲間がいる場所が大切だというメンバーの言葉を紹介します。

Iさん：「認知症って怖いこともあるのだけれど、もうちょっとこう離れてみると怖くないなっていう」
Kさん：「認知症もそれほど気にすることないなって」
Iさん：「そうそう、まさにそういう考え方ですね」
Kさん：「うん、自分も含めて身近に認知症の人がいると慣れてくるのはあたりまえだからね」
Iさん：「それもあるし、そんなに恐れることはないよね」
Kさん：「認知症も怖くないと」
Iさん：「とにかくね、人間は自分を出せる場所があるっていうことが大切」
Kさん：「すごく気楽なこと」

また、メンバーの池田英材さんは、仲間の存在について写真7―3のような手記を残しています。池田さんはこれまでに、いくつもの事業を起こし、失敗も重ねてきました。友人の保証人になっていたこともあり、ついには自己破産から路上生活を送ることとなりました。そのとき、いわゆる「生活保護ビジネス」を展開している法人に声をかけられ、月々の生活保護受給額のすべてを取られることになってしまいました。六畳一間に2段ベッドが2つ置かれた四人部屋で共同生活を送ることになり、自分の生活スペースは、ベッドの上だけでした。そんな生活を送るなかで人間不信に陥った池田さんは、当初は「うつ病」と診断され、間もなくして認知症の診断を受けました。

ケアマネジャーを介してＢＬＧにつながると、その生活環境が明らかになりましたが、池田さん自身は「一人暮らしをする自信がない」と言って、あきらめていました。しかし、池田さんの状況を知ったほかのメンバーは、ケアマネジャー、地域の不動産屋、民生委員、大家さん、近隣住民などの理解を得て、引っ越しを敢行しました。その動きを目の当たりにした池田さんは、あきらめていた「一人暮らし」をスタートするに至ったのです。

実は、池田さんは「まだまだ自分はできるんだ」と、前向きになり始めていた矢先、脳出血でこの世を去ってしまいました。「仲間」の存在や力についての思いが込められた池田さんの手記は、ずしりと重く、沁《し》み広がるかのように、いまも私の心にあります。

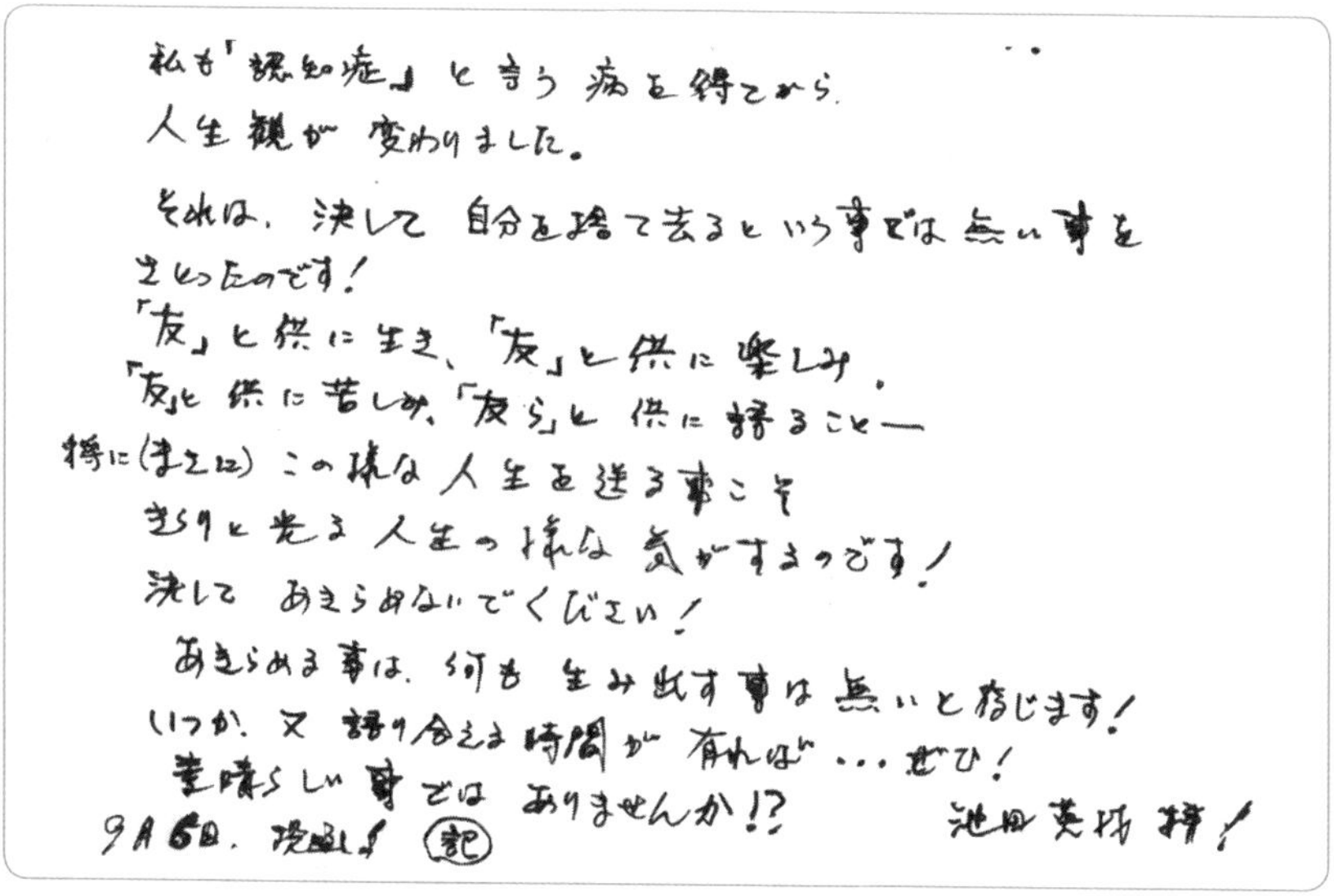

私も「認知症」と言う病を得てから、
人生観が変わりました。
それは、決して自分を捨て去るという事では無い事を
さとったのです！
「友」と供に生き、「友」と供に楽しみ、
「友」と供に苦しみ、「友ら」と供に語ること―
特に（まとめ）この様な人生を送る事こそ
きらりと光る人生の様な気がするのです！
決してあきらめないでください！
あきらめる事は、何も生み出す事は無いと存じます！
いつか、又語り合える時間が有れば…ぜひ！
素晴らしい事ではありませんか！？
9月6日、晩酌！ 記　池田英材拝！

写真7-3　池田英材さんの手記

写真7-4　仲間がいるから

2

葛藤のなかで生まれた有償ボランティア

1 留学先での体験

私の「福祉」との出会いは、大学入学時にさかのぼります。当時、全学部の1年生を対象とした英語の試験が行われ、その結果、自動的にニュージーランドの大学へ留学できることになりました。ホームステイ先の家に到着すると「そんな話は聞いていない」と言われ、滞在先がなくなるというまさかの展開が待っていました。急遽、変更の手続きをして、新たなホームステイ先に到着したのは深夜のことでした。このドタバタから、すべてが始まりました。

ある日、ホストファザーが職場に連れて行ってくれることになりました。ホストファザーが勤めていたのは、車いすの製造・販売をする会社でした。その日は、一緒に車に乗りこみ、高齢の女性の家に車いすを届けに行きました。高齢の女性が家から出てくると、ホストファザーが車いすを調整し始めました。そのときのホストファザーと高齢の女性との真剣なやり取りやふたりの活き活きとした姿に心を打たれました。それから何度かホストファザーと一緒に仕事に出かけるたびに、将来は自分もこんな仕事をしたいという思いが芽生えてきたのです。

2 BLGを立ち上げるきっかけ

❶ 精神科の病院で……

大学卒業後は、精神科病院に入職しました。病棟をまわりながら入院患者さんと言葉を交わしているなかで、なぜかみんな元気がないことに気づきました。疾患があるからとか、高齢だからということではなく、とにかく元気がないのです。

ある日、病棟をまわっていると、高齢の男性から「おい、兄ちゃん！　ちょっとこのターボエンジンの調子が悪いんだ。見てくれないか？」と声をかけられました。よく見ると、その男性は車いすに拘束されていて、さらに壁の手すりと車いすが紐で結ばれていました。「なぜ？」という単純な疑問がわき、「とりあえず外してみよう」と抑制を外してしまいました。患者さんのリスクや医師の指示、今後起こり得ることなどよりも、男性が苦しんでいる状況を目の当たりにして、行動が先に出てしまったのです。

翌日、改めて記録を確認してみると、その男性は元自動車整備工だったことがわかり、「ターボエンジンの調子が悪いと言って、自らが動けない苦しさを伝えてくれていたんだ……」と気づきました。男性の元へ行くと、やはり前日と同じ状態でした。私は同じように抑制を外しました。このとき、「ありがとな、兄ちゃん！」と言って、ニヤリと笑った男性の表情がいまでも忘れられません。

そんなことをくり返していると、当然のことながら、当時の総婦長に呼ばれ、異動を命じられました。もちろん私は、「なぜ、〇〇さん（高齢の男性）に抑制が必要なのか」という疑問をぶつけてみましたが、「医師の指示」という厚い鉄壁を打ち破ることはできませんでした。

2 在宅介護支援センターで……

異動先は、病院に併設される「在宅介護支援センター」の立ち上げを行う部署でした。私はここで、在宅介護の奥深さを知ることになりました。当時「在宅介護支援センター」は、主に介護保険に関連する相談と支援を業務としていました。しかし、なぜか私の担当案件は、アルコール依存症の息子をもつ父親からの相談、日本脳炎の後遺症をもつ人とその親戚からの相談、統合失調症の息子と40年暮らす母親からの相談などが多かったです。30年くらいお風呂に入っていない人と一緒に入浴したり、生活の基盤を立て直すことを本人と家族と一緒に実行したりと、介護保険事業とはだいぶ異なることを業務としていました。

そんな姿がめずらしかったのか、第三セクターである福祉公社から声をかけてもらいました。このときは「給与が安定しているだろう」という、よこしまな考えから、転職を決断しました。

③ ヘルパーステーションから通所介護施設へ……

福祉公社での最初の配属先はヘルパーステーションでした。業務は担当ホームヘルパーが、急用や体調不良により訪問できなくなった際に、代行する「代行ホームヘルパー」です。当時の支援の内容は「家事援助」が多く、掃除や調理を依頼されるのですが、カップラーメンをつくることしかできなかった私は、代行ホームヘルパーの仕事は無理だと悟り、異動願を提出しました。

異動先は通所介護施設でした。そこで「働きたい」という若年性認知症の人たちに出会いました。まずは法人内での仕事（役割）を提供していましたが、そのうち〝本物の仕事〟がしたいと言われ、町田市内の保育園でプール掃除や草取り、教室の床のワックスがけ、ペンキ塗りといった仕事を活動として取り入れていきました。しかしメンバーから「労働の対価がほしい」という想いが聞かれるようになり、その想いをカタチにすべく行政との交渉をスタートさせていきました。

④「働きたい」というメンバーの想いを実現するために

当時は介護サービス提供中にメンバーが働いて謝礼を受け取るという事例はなく、「前例がないから」という理由で「不可」とされていました。「介護を受けている人が働けるはずがない」と思われていたのです。

しかし、例えば医療保険では、病気を治療しながら、もしくは医療サービスを受けながら働いている人が多くいます。つまり「働きたい」という想いを実現するために医療サービスを利用してい

図7-1　厚生労働省資料に示された「ボランティア」の例

ボランティア活動の謝礼を受け取れる例

※以下の要件を満たす場合ボランティア活動の謝礼を受領しても差し支えないと判断される
- ◯ボランティアの謝礼が労働基準法に規定する賃金に該当しない
- ◯介護サービス事業所は、若年性認知症の方がボランティア活動を遂行するための見守りやフォローなどを行う
- ◯ボランティア活動の謝礼を、介護サービス事業所が受領することは介護報酬との関係において適切でない

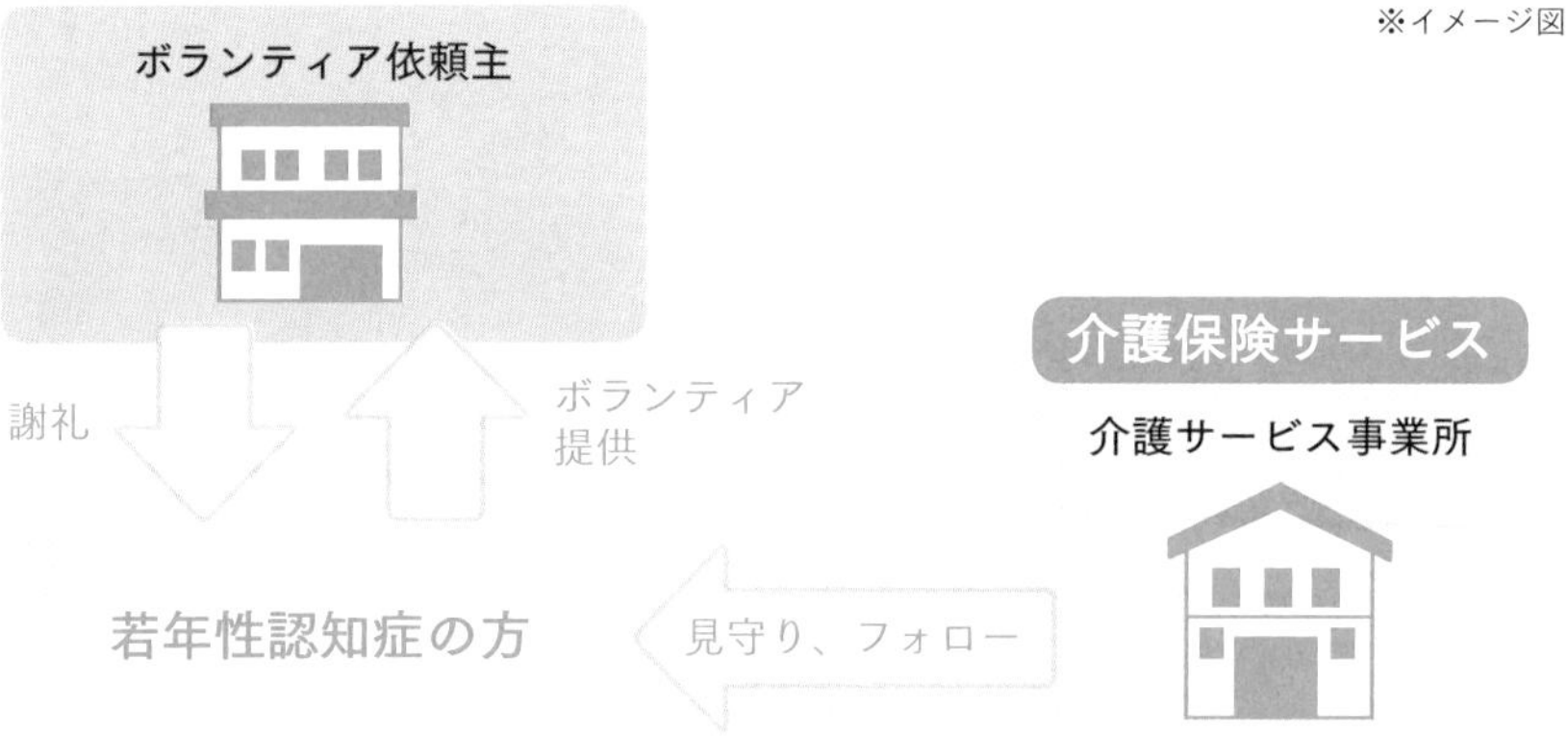

資料　厚生労働省「若年性認知症施策の推進について」（参考資料１）（平成23年4月15日事務連絡）

ます。障害福祉制度も同様で、障害のある人が、障害福祉サービスを利用しながら「働きたい」という想いを実現しています。しかし、介護保険制度では働きたいという想いがあっても介護サービスを受けながら働くことができませんでした。「だれのための、何のための介護サービスなのか……」と強く憤りを感じました。

この制度を変えていかなければ、目の前のメンバーの想いを実現できないと考え、まずは上司に相談しました。しかし、よい回答や助言が得られなかったので、町田市役所に相談しました。町田市役所では東京都に相

談してほしいと言われ、東京都では厚生労働省に相談してほしいと言われました。そこで、メンバーと一緒に厚生労働省に何度も足を運び、想いを直接届けたり、本人たちの意見交換会を開催したり、全国の主要団体からも提案してもらったりしました。その結果、私たちが厚生労働省にはじめて足を運んでから5年経ってようやく認められ、通知の発出（図7―1）に至りました。この通知は、現在ではバージョンアップされています[1]。

この通知が発出されたとき、私自身はすでに別の法人に勤務していました。状況を見守っていましたが、だれも動き出そうとしなかったので、自分で始めるしかないと考え、「介護サービスを受けながら、働きたいと思っている人たちが、働けるように」と、BLG設立のイメージをつくり上げていきました。通知には各都道府県の定める最低賃金額を上回らないことが記載されていたので、自ずとその形は「有償ボランティア」となります。そうすることで各種税金制度や労働基準法などに縛られることなく、自由に働くことができるようになりました。

5 前例がなければ、つくればよい

新しいことを始めるときに大切なのは仲間や応援団をつくることです。当時、私は「つながりの開」という当事者、家族、支援者、行政、市議会議員、医師などから成る任意団体で、当事者と家族が再び楽しい時間を過ごせるようにと、2か月に1回、日帰り旅行や季節の行事などのイベントを開催していました。最終的には、50人以上の集まりになり、その仲間のなかでBLGを立ち上げ、運営していくという話がまとまりました。元々の会は「認知症友の会」として、本人と家族を中心に運営を続けていますが、ＢＬＧは、この人たちの応援を受けながら新たな組織として立ち上げ、活動している状況です。

何かを始めるときには、一緒に活動する仲間が大切です。「仲間」は、こちらの要望ばかりを伝えていくのではなく、相手の課題を一緒に解決したり、やりたいことをともに達成したりするなかで自然に集まってきます。数が集まると、横槍が入っても倒れにくくなります。新しいことを始めるときには、そのような土壌づくりがとても大切だと考えています。

3 メンバーと一緒に行う営業活動

有償ボランティアとして自由に働くことができるようになったといっても、今度は「働ける場所」を探さなければなりません。メンバーと一緒に営業回りを始めましたが、門前払いや担当者の居留守はあたりまえ。話を聞いてくれるだけで幸いという状況でした。覚えていないくらい多くの企業に声をかけては断られてきましたが、このときは「話を聞いてもらえればラッキー」「よい返事をもらえなくても、私たちが仕事を探しているということは伝えることができる」と考えていました。メンバーと一緒に行動しているので、メンバーと担当者とが直接会って話すという認知症当事者との接点が生まれるメリットは得られますし、企業として受け入れることがむずかしくても、担当者に自分たちの希望を直接伝えることで、何か残すことができるかもしれないと、とても前向きにとらえていたのです。

そのようななか、ホンダのディーラーに目をつけたのは、ＢＬＧを開設して数か月後のことでした。ＢＬＧに隣接していたということもありますが、全国に支店がある大企業という意味合いが強かったです。はじめは他企業と同様に断られてしまいました。でも、もし連携することができれば、全国の仲間も活動を始めることができるかもしれないという思いが背中を強力に押し続けました。「認知症があっても、まだまだ、さまざまなことができる」ということを粘り強くメンバーと一緒に伝え続け、同時にＣＳＲ（Corporate Social Responsibility：企業の社会的責任）と費用対効果（Pay for performance）という視点からも説明していきました（表7―4参照）。

その結果、２０１４年2月、「まずはトライアル期間を設けて展示車両の洗車から始めてみましょう」とホンダカーズ東京中央町田東店の担当者から告げられました。ここまでに費やした期間はおよそ1年半。トライアル期間は当初3か月の予定でしたが、メンバーの働きぶり、仕事に対する姿勢、そしてていねいさを間近で見続けた担当者は、１か月経つと「来月から謝礼を発生させましょう」と言ってくれたのです。後に担当者は「いままで認知症のある人に対してもっていたイメージはよくなかった。しかし、いまは違う。認知症であっても私たち以上にできることがあると知った。特に仕事に対する姿勢は新入社員に見習わせたい」とまで言ってくれました。

活動が始まってから何か月か経ったある日、展示車両に傷がついていました。この傷に対して「これはあの人たちがつけたのではないか?」という社員がいたとのことです。少し磨けば直るくらいの傷でしたが、やはり社員は認知症のせいにしたがりました。そのとき担当者は、社員に「みなさんも失敗しませんか？　僕たちが洗車しても傷つけたことはありませんでしたか？」と問いかけたそうです。何かが当たったり、指輪が擦れたりということが実際にはあるそうですが、傷をつける程度や頻度は、社員と変わらないとそのときに改めてわかったと話してくれました。メンバーをとがめるような意見を言った社員も「確かに僕たちも傷つけるか……」と納得したそうです。この話を聞いたとき、この担当者が認知症に対する理解をここまで深めてくれていることが、とてもうれしかったのを覚えています。

営業活動は、必ずメンバーと一緒に行っています。それは、この活動が周知されてきたということもありますが、やはり企業の担当者が「認知症当事者と直接話をする」ことで、ステレオタイプのイメージが変わる大きな力になると思うからです。

4　道を拓く交渉術

企業との交渉術については、先のＣＳＲと費用対効果という考えを大切にしています。企業との交渉は、私たち介護・福祉・医療の業界では、苦手な人が多いかもしれません。しかし、そこに切りこんでいかなければ道は拓けません。

何か新しい取り組みやプロジェクトを始める際には、一般に「人、期間、予算、メリット／デメリット」を考えます。相手は営利企業であるということを念頭に置きつつ、一方で私たちは制度の枠組みのなかで活動しているので、非営利組織であるということも意識しておくことが重要です。ここで説明する交渉術は、私自身の経験から積み上げていったもので、とてもスマートなものとはいえませんが、参考になればと思い、紹介します。

ホンダとの交渉では、表7—4の①〜⑥の内容を組み合わせながらプレゼンをしました。もちろん言葉を選びながら、どうしたら営利企業を動かすことができるかを考えなければなりません。最終的には消費者層が車を選ぶ一つの選択肢として「この企業を応援したい」と思う状況をつくり上げていきました。

まず、①の330万台というパイを奪い合っている現状をふまえ、②の広告の効果を再考してみます。すると毎年、同じような数字で、企業の成長がみられません。そこで、⑥の3000万人という数字に目を向けます。この数字は市場として無視はできません。例えば、BLGと協働することにより、⑤の理念を実現させていきながら、④の消費者の心理が「車を購入することで企業を応援したい」と、⑥の合計で3000万人にも及ぶ認知症にかかわる人のうち、1%でも心が動けば、単純計算で、30万台のパイを奪えることになります。すると、①の販売台数で順位が入れ替わる可能性があるかもしれません。②の費用対効果の面では、もちろんメンバーへの謝礼は発生しますが、それを含めたとしても優れているといえます。そしてよいスパイラルが生まれ始めると、③の強みが増して企業価値が自ずと高まっていきます。

ここで重要なのが、このようなプレゼンをする相手は、メーカー（本社）ではないということです。私たちが活動する場はディーラーという販売現場ですが、そこに本社からトップダウンで指示

表7-4　ホンダへの交渉の例

①徹底的に数字を調べる	④消費者の心理
・国内における普通自動車の年間登録台数はおよそ330万台[2] ・ホンダは国内市場で3位	・どのようにして購入を決めているのか ・CM効果／ブランド／営業担当者／その他
②広告費と効果	⑤ブランドの裏にある理念
・テレビCM一本で1億円の経費がかかる ・それに対する販売台数 ・各社が①の市場でパイを奪い合っている現状	・本田宗一郎がもっていた理念 ・人にやさしい社会をつくる ・実際にあったヒストリーを一つ把握する
③各社の強みと弱点を知る	⑥これからの社会と企業
・トヨタ、日産、ホンダ、スバル、三菱、スズキがもっているブランド ・売れ筋の車種で比較する ・例えばミニバンで考えるが、どれも同じ	・700万人が認知症と診断される ・MCI（軽度認知障害）も含めると1000万人 ・自身が、もしくは近しい人が認知症となる社会 ・家族も単純計算で＋1000万人 ・認知症サポーターのほか、介護・福祉・医療・研究などの分野で認知症領域にかかわっている人で＋1000万人以上 ・合計で約3000万人の認知症社会 ・顧客や社員も認知症の可能性が大きい ・企業はこれから何をめざすべきなのか

があったら、現場には「ただでさえ人手不足で忙しいのに、さらに仕事が増えるのか」という空気が流れてしまいます。現場の社員の理解を得ないまま活動をすれば衝突はまぬがれません。例えば、前述した展示車両に傷をつけてしまうようなことがあれば、あっという間に関係性は崩れ、メンバーは自信をなくしてしまう結果になるでしょう。

私たちの活動場所はあくまでも現場です。だからこそ現場での理解を得てからボトムアップで進めていく方法が最善策といえます。もちろん時間はかかりますが、今後の関係性を考えると近道でもあります。

現在、BLGでは、ホンダ、キャノン、コクヨ、花王、トヨタ、富士通、こどもの国など、多くの企業と協働連携をしています。これはホンダでの活動を皮切りに広がっていったのですが、こちらからはたらきかけた企業は、実はホンダとこどもの国だけです。その他の企業はホンダの事例を知って、声をかけてきました。

仕事内容を決めていく際は、メンバーと一緒に企業の担当者と話して検討し、無理なく取り組めるよう擦り合わせを図っています。キャノンから受託した、開発中の骨伝導式のイヤフォンのモニターの仕事は、キャノンの工場の担当者が、認知症と診断された人で、プロジェクトに参加してくれる人はいないかと探していたところSNSやインターネット等でBLGの活動を知り、つながったという経緯があります。このイヤフォンは実際に商品化され、いまでも販売されているのですが、店頭に並んでいる商品をメンバーみんなで見に行ったりもしました。

3 認知症のある人の「自立」を支援するということ

1 認知症のある人が社会をケアする

私たちの仕事は、ケアの対象となる人の自立を支援することです。では、認知症のある人の自立支援とは、具体的にはどのようなことをいうのでしょうか。ここでは、BLGの活動を通して、私が考え、実践している自立支援についてふれたいと思います。

もし、いま、あなたが認知症と診断されたら、どのような想いを抱くでしょうか。いまの社会は、認知症に対する偏見の嵐が吹き荒れていて、認知症のある人に対して、「何もできない人」「困った人」というレッテルが貼られていますが、これは自分事でもあるのです。

少なくとも私は「働きたい」と思うでしょう。しかし、「認知症＝支えられるだけの存在」ととらえられてしまえば、「働けるはずはない」と決めつけられてしまいます。この「働きたい」という想いを実現すること、その結果、これまでと大きく変わらない生活を送ることができるようにすること、これがBLGの目標であり、認知症当事者の自立支援なのではないかと思っています。

例えば、先のホンダの事例で、認知症のある人が洗車という仕事をするなかで車に傷がついた場面では、「ほんの小さな傷も許されない社会」が露呈しています。同じように、電車が1～2分遅延しただけで駅員に詰め寄ったり、謝罪を要求したりする人がいるのも「1分の遅れも許されない社会」の一側面を表しています。このような社会では、確かに認知症のある人が働くことはむずかしいかもしれません。しかし、このような社会は、認知症の人だけでなく「だれもが生きにくい社会」なのではないでしょうか。いまの社会は、このような生きにくさが広がっている状況といえると思います。

このような社会のなかで、認知症のある人が実際に洗車という仕事をすることによって、私たちは「自分たちも車を傷つけることはある」と気づき、「このくらいの傷なら、磨けば大丈夫」「そのために保険に入っているんだから」と、冷静に対応することができます。そして、自分たちがこんなにもきつい働き方、ぎりぎりの生き方をしていたことに気づくのです。つまり、認知症のある人の活動が、生きにくさで凝り固まった社会をとかし始めている、「支えられる側」であった認知症の当事者が、「だれもが生きやすい社会に変える存在」になり、社会や人々を「支える側」になっているといえるのです。

くり返しになりますが、それが可能な環境を整え、つなげていくことが、認知症のある人の「自立支援」であると考えています。実際に、ＢＬＧのメンバーが働くことで、ホンダの社員にとっても仕事がしやすい企業になりました。

2 認知症のある人が社会を改革する

ホンダの事例のように、認知症の当事者が実際に活動することで、社会をケアしていくという側面のほかに、当事者の視点から声を上げることで、社会を改革していく側面もあります。例えば、スーパーに無人のセルフレジだけではなく、有人のスローレーンを設けてほしいなどと声を上げることで、障害者、妊婦、高齢者、小さな子どもを連れている人、けがをしている人や疲れている人などにとっても、安心できる環境が実現します。さらには、スローレーンのレジならば「ゆっくり入力」する必要性があるため認知症の本人が担当することができ、お互いに安心できる環境を整えることにつながる可能性もあります。洗車についても、企業としては、洗車専門のアルバイトを雇うのではなく、認知症の本人を雇うことで、ペースはゆっくりですが、ていねいで確実な仕事をしてもらい、二人で一人分のアルバイト代を支払うことも考えられます（低賃金で人を使うという意味ではありません）。

いずれの取り組みも、認知症のある人の声や認知症のある人と企業をつなぐことから始まっていますが、その先は、ゆるくお互いを認め合う社会（＝だれもが生きやすい社会）につながっていきます。それこそが、認知症のある人が社会のため、人のためにできることであり、認知症のある人が活躍できる環境を整え、つなげることが、専門職の仕事であると考えています。

3 私たち専門職の役割

前例がなければつくればよいだけです。待っていても何も始まりません。仲間がいなければ声をかければよいのです。きっと共感してくれる人がいるはずです。だれかが何とかしてくれるだろうという他力本願ではなく、自ら動かなければ何も変わりません。そして認知症のある人の想いを実現するためには、本人に想いを聴くことから始めてみましょう。

専門職であれば、教科書に書かれていることだけを行うのではなく、目の前の本人が望む生活に近づけるよう、「人と人」「人と環境（地域・社会）」をつないでいく役割があります。人や地域・社会とつながることではじめて、本人は精神的な回復とともに自立に向けて一歩を踏み出すことができます。そのためにはもちろん、「専門外」と思われることも担わなければならない場面もあるでしょう。専門職は、そこを苦手だからといって避けて通るのではなく、真正面からとらえて、学び、伝えていかなければなりません。前述のホンダとの交渉も同様でした。認知症のある人から受け渡されるバトンを、これから認知症になる私たちのために受け取り、引き継いでいく役割が、私たち専門職にはあるのです。

4 人をつなぐ、環境（地域・社会）をつなぐ

① 本人に聞いてみる

専門職とは、高い専門性を必要とする職を指す言葉です。では、私たちの専門性とは何でしょうか。のぞみメモリークリニックの木之下徹先生によると、現在は、1000万人の認知症当事者のうち、100万人にのみスポットライトが当たっているような状況なのだそうです。[3] つまり、その人たちは症状が進行して、いわゆる〃認知症らしい〃と言われる人たちが多いといいます。私たちは、もちろんこの100万人の人たちにケアを提供しますが、それよりも注視していかなければならないのは、スポットライトが当たっていない900万人の人たちです。この人たちは初期段階、つまり、まだひとりでできることが多く、スポットライトも当たっていないため、社会からは〃認知症らしくない〃と言われてしまうことが少なくありません。もちろんケア（介護）が必要ない人も多いのですが、それでも日常生活のなかで困っていることも多いのが事実です。そこで私たちは何をしなければならないのでしょうか。

それを知るためには、まずは認知症の本人に「何をしたいのか」「どんなときに困るのか」などを聞くことから始める必要があります。つまり、本人抜きにまわりの人たちだけで「〇〇だろう」

と予測して決めつけていくのではなく、本人がつまずいている場面で「どうしましたか?」と聞くことが大事なのです。

❷ 人と人、人と環境をつなぐ

認知症と診断されると、人や社会と切り離され、家族とも離れて孤立してしまうことが少なくありません。そこで本人の意向を確認しながら再び社会とつながることができるよう、支援する必要があります。私たち専門職は、本人ととなりの本人をつないだり、本人の想いと家族の想いの温度差を埋めるようなかかわりにより、本人と家族をつないだり、本人の想いを伝え、家族の理解をうながしていったり、本人とほかのスタッフ、本人とまわりの人をつないでいく役割があります。

しかし、仲間をつくったり、仲間とつないだりすることは、そう簡単なことではありません。BLGでは先輩メンバーから新規メンバーにアドバイスや声かけをするところから始めています。集える場と迎える先輩メンバーがいるということ、そして「活動」が手段となり仲間意識のきっかけが生まれ、活動を重ねるなかで仲間意識が醸成されていきます。

また、「人をつなぐ」過程において、大切なのが「環境をつなぐチカラ」です。これは活動するために必要な環境、例えば企業や団体等とつなぐために交渉するチカラなども含みます。直接つないでいく場合もあれば、自然につながっていくようにまわりを整えていくこともあります。いずれの場合もメンバーと一緒に行うことで、社会が変わっていくきっかけになります。ホンダとのつながりづくりでは、仕事をしない日もショールームの外を毎日歩くことで、「今日も来ているな……」

と認識してもらうようにしていました。環境をつなぐというより、環境を整える、調整するという表現のほうが伝わるかもしれませんが、これも、専門職の大切な役割だと考えています。

くり返しになりますが、人をつないだり、環境を調整したりすることが認知症にかかわる専門職の仕事であり、自立支援なのです。そのような環境を整えていった先に、だれもが暮らしやすい社会が築かれていくとイメージしています。

❸ 手段としての「場」

これまで私たちは、身体介護の技術を磨いたり、業務効率を上げたりすることで、「専門職」として満足している節がなかったでしょうか。実際には、本人の意向を汲み取りながら、本人と一緒に「人をつなぐ」こと、「環境をつなぐ」ことを役割としなければなりません。

BLGでは、ハード面では施設がハブ機能（図7―2）を有しながら、企業／地域／社会へとつないでいく場所にもなっていきます。つまり、BLGという場所で完了するのではなく、あくまでも施設は本人の目的を達成するための〝手段〟です。ソフト面では施設にいる本人やスタッフ、ボランティア、事務職員、駄菓子屋に来る子どもたちなどが、本人と一緒に目的を達成するための伴走者（手段）となっています。

BLGに視察や取材に来た人たちからは、よく「BLGのメンバーさんは要介護状態が軽い人が多いですね」と言われます。実際には、「概要」に示したとおり、平均要介護度は2・3です（2020年10月現在）。要介護1～4の人が参加していて、みなさん元気に見えますが、それぞれ

図7-2　ハブ機能としてのBLG

©DAYS BLG!

にサポートや支援が必要な場面はあります。そう見えないのはメンバー同士がつながってお互いに助け合い、それをあたりまえのこととらえ、その全体を包みこむようなサポートがあるからだと考えています。それはメンバー同士がつながることができるよう「人をつなぐチカラ」を私たち専門職が発揮し、私たちがすべて担うのではなく、社会がサポートする場面をつくり「環境をつなぐチカラ」を構築していった結果です。

元気に見えるメンバーは、元気になっていった人です。それはＢＬＧに参加することによって自信を回復していったことも要因の一つだと思います。重要なのは、表面上（身体機能や認知機能）のことではないのです。

ＢＬＧでは愚直なまでにメンバーに想いを聴くことから始め、そしてそれをカタチにするため「人をつなぐ」そして「環境をつなぐ」ことを実践しています。それらを毎日、くり返していくことで、結果として社会全体が変わり、ＤＦＣ（Dementia Friendly Community：認知症にやさしいコミュニティ）となっていくと信じています。それは、認知症であっても、認知症でなくても、だれもが暮らしやすいまちにつながっていきます。

4

これからの活動
―「100BLG」の取り組み

現在、全国に100か所のBLGをつくるプロジェクトを進めています。これまでBLGでは、1000組以上の見学や視察、取材を受け入れてきました。受け入れに際しては、多くの時間を割いて資料を作成するなど準備をしてきましたが、実際には1か所も増えていないというのが現実でした。BLGのような実践をやりたいという人はたくさんいて、ていねいに伝えてきたつもりでしたが、何が足りないのか……、どうしたらいいのか……、と考えていたのです。

検討を重ねるなかで、BLGを広げていくには、着実にその地にBLGのエッセンスが落としこめるような研修システム（学び合える土壌）をつくる必要があるという結論に至りました。10か所では、何かを発信してもインパクトが弱く、社会が変わるきっかけにはなりません。一方で、1000か所つくれば、影響力はもつけれど、質のコントロールはむずかしくなります。100か所であれば、社会にも響くし、無視できない存在として、政策提言などもできるだろうということから「100BLG」をめざすことになりました。

だれのためのサービスなのかをきちんと考え、政策に反映してもらえるように、全国一律で取り組んでいくことをめざしています。そのための土壌づくりです。その地域の特徴や文化を継承しつつ、ＢＬＧのエッセンスが加わることで、仲間とともに、認知症の人が「素」になれるような場所、だれもが「素」になれるような場所をつくっていくことができるように考えていきたいと思っています。

「１００ＢＬＧ」の取り組みは、１００か所つくって終わりではなく、その後のネットワーク化が重要だと考えています。具体的には、１００か所のＢＬＧをつないで、職員のキャリアパス、キャリアアップをめざしていきます。ケアの現場には、さまざまな可能性を秘めた人材がたくさんいます。ネットワーク化することで、ＢＬＧの事業に横断的にかかわったり、新たにＢＬＧの事業所を立ち上げたり、１００ＢＬＧのノウハウをパッケージ化して海外に進出したり、制度外のサービスを設計したりなどのさまざまなキャリアパスが考えられるようになります。交換留学なども可能です。

これまで一貫して、「前例がなければつくればよい」「仲間がいなければ声をかければよい」という思いで行動してきました。「１００ＢＬＧ」の取り組みは、新しいことを始めたり、声をかけたりしやすくなるような土壌づくりになると考えています。だれのためのサービスなのかを突き詰めていく準備として、理想を掲げるだけでなく、実現する場をつくり、実際に社会を変えていきたいと考えています。

「１００ＢＬＧ」の取り組みは、これまでの活動の集大成でもあります。十分に若手が育ち、バトンを渡せるときがきたら渡したいと思って、全力を注いでいます。

引用文献

1）厚生労働省「若年性認知症の方を中心とした介護サービス事業所における地域での社会参加活動の実施について」（平成30年7月27日事務連絡）
2）一般社団法人日本自動車販売協会連合会ホームページ
3）木之下徹『認知症の人が「さっきも言ったでしょ」と言われて怒る理由――5000人を診てわかったほんとうの話』208―209頁、講談社、2020

第8章

「ともにある」ということへの想像力

――「意思決定支援」を超えて

六車由実（むぐるま・ゆみ）

1970年、静岡県生まれ。デイサービス「すまいるほーむ」管理者、生活相談員。「聞き書き」を通して、認知症の人の語りに耳を傾けること、そこから見えてくる希望や可能性など、本質的な認知症ケアについて日々、実践を通して考え、発信している。著書に『驚きの介護民俗学』（医学書院、2012年）、『介護民俗学という希望――「すまいるほーむ」の物語』（新潮社、2018年）などがある。

1 本人の意思を尊重するとは

1 やりきれない思い

私は、静岡県沼津市の通所介護施設「デイサービスすまいるほーむ」で、管理者兼生活相談員として勤務するようになり、今年で9年目になります。ここでたくさんの認知症の利用者さんたちと出会い、ともに過ごしてきました。大変なこともありましたが、驚きと発見とそして喜びの毎日でした。でもその日々のなかで、時々、やりきれない思いに駆られることがあります。

認知症の症状が進行し、いずれ一人暮らしができなくなることを心配して、家族が、本人の同意や本人への説明もなしに、突如、施設への入所を決めてしまうことがたびたびあるからです。その多くの場合は、現場のスタッフからみたら、まだまだ住み慣れた自宅での暮らしが続けられるだろうと思える人たちばかりで、入所をそんなに急いで決める必要があったのだろうか、と疑問や残念な思いでいっぱいになるのでした。

私は、施設へ入所することが悪いといっているわけではありません。施設には、生活にさまざまな困難や不安をかかえる認知症の人たちが、24時間の見守りと専門的なケアの下で、安心して暮らせる環境があると思います。

また、家族は、私たちでは計り知れないほどのストレスを抱えているのかもしれません。どうしようもないところまで追い詰められてしまって、やむなく施設入所を決めてしまったというケースも多いのではないかと思います。あるいは、これ以上認知症が進行したら一人暮らしは無理かもしれないという未来への不安に駆られ、先回りして入所を決断してしまったのかもしれません。

さまざまな事情があり、本人に対するさまざまな配慮により、施設への入所が決められていったのでしょうが、でも、その決定のプロセスに、本人が全くかかわれないまま入所せざるを得ないというのは、本人にとっても、そしてそうせざるを得なかった家族にとっても、決して幸せなことではないように思うのです。

2 本人にとっても家族にとっても幸せな選択をするには

では、これからどの場所でどのようなケアや医療を受けながら暮らしていくのかを、認知症の本人とともに決めていくためにはどうしたらいいのでしょうか。

何よりも大切なことは、本人がどうしたいのか、どうしたくないのか、あるいは、いまの暮らしについて、これからの暮らしについてどう思っているのかを本人に直接、聴くことでしょう。けれど、例えば、本人に「これからも家で暮らし続けたい」という希望があったとしても、介護に疲れ、追い詰められて、在宅介護の限界を感じてしまっている家族は、その希望を聴き入れることはできないかもしれません。在宅介護サービスのマネジメントをするケアマネジャーは、本人の希望と家族の希望との板挟みのなかで葛藤しながらも、結局、最終的には家族の生活を維持するためにその希望を優先させて、施設入所のサポートをせざるを得ないことが多いように思います。

本人と家族との両者がともに納得する形で、これからの暮らしのあり方について考えていくためには、本人も家族もそれぞれの希望やいまの状況への想いについて、率直に語り合える場が必要なのです。そうした場をつくり出すための方法としては、例えば、オープンダイアローグという手法が有効ではないかと思います。

オープンダイアローグとは、フィンランドの精神科医療において、それまでの治療の反省により、「本人のいないところで本人のことを決めない」ということを大前提として始まった対話主義の治療方法です。本人、家族、医師や看護師などの専門職とが一堂に会し、すべての人が対等な立場で対話を行います。話題は病状や治療方針などに限定されません。何でも語り合える雰囲気で対話が進められていきます。対話をもとに、専門職で構成される治療チームは治療方針をその場で検討します。その様子を本人も家族も観察し、そのうえで、提示された複数の治療方針から、本人が選択していきます。対話の場は一度だけではありません。症状が改善されるまで、何度でも同じメンバーでくり返されます。そうした開かれた対話のくり返しによって、それぞれの関係性が修復されていき、精神疾患の症状は改善されていくのだといいます。

オープンダイアローグは、精神疾患の治療としてだけではなく、依存症や閉じこもり等、生きづらさを抱えている人たちへの支援として応用されつつあります。ですから、認知症の人への支援としても、有効なのではないかと思うのです。

本人と家族とだけでは、本音が言えなかったり、対立してしまったり、けん制しあったりして対話そのものを成り立たせること自体がむずかしいこともありますが、オープンダイアローグという形で、対等な立場で何でも、何度でも語り合える開かれた場が環境として整っていたら、認知症の本人も家族もそれぞれの想いを語ることも、それを受け入れることもできるようになるかもしれません。そうした対話の場をくり返しもつことで、本人も家族も納得できる、これからの暮らしのあり方が選択されていくのではないでしょうか。

あるいは、生活に支障が出ていない段階で、本人と家族とで、認知症が進行してからの暮らし方についてあらかじめ話し合っておくことも大切なのかもしれません。必要であれば、介護施設をいくつか見学したり、在宅介護のサービスにはどんなものがあるのか、地域資源について情報を収集したりして、介護の準備を本人と家族とがともにしておくのもよいでしょう。そのプロセスは、単なる意思の確認や情報収集にとどまらず、本人と家族との関係性を深めていくプロセスでもあり、将来、決断が必要になったときにも、互いの想いを語り合い、互いにとってよりよい選択をしていくための場をつくり出すことにつながるのではないでしょうか。

3　意思疎通が困難になった人の意思決定支援のむずかしさ

ただ、私が勤務しているような高齢者介護の現場でともに過ごしている、高齢の認知症の利用者さんたちのなかには、すでに論理的な思考や判断、意思表示がむずかしかったり、言語的なコミュニケーションが困難になっている人たちもいます。そういう認知症の症状が進行した人たちについては、どのようにすれば本人の希望する暮らしを支援していくことができるのでしょうか。

厚生労働省は、２０１８年に「認知症の人の日常生活・社会生活における意思決定支援ガイドライン」をまとめています。そこでは、一見すると意思決定が困難であると思われる場合であっても、本人の意思を尊重した支援をすることが重要であり、言語による意思表示がむずかしい場合には、「身振り手振り、表情の変化も意思表示として読み取る努力を最大限に行うことが求められる」とされています。また、本人の意思の確認がむずかしい場合には、「推定意思」を確認し、それを尊重することとしています。

「推定意思」とは何かといえば、ガイドラインの脚注には、次のように説明されています。

本人に意思決定能力が低下している場合に、本人の価値観、健康観や生活歴を踏まえて、もし本人に意思決定能力があるとすると、この状態を理解した本人が望むであろうところ、好むであろうところを、関係者で推定することを指す。

厚生労働省「認知症の人の日常生活・社会生活における意思決定支援ガイドライン」3頁、2018年

言語的なコミュニケーションがむずかしくなった利用者さんに対して、身振り手振りや表情から本人の意思を読み取ろうと努力したり、それまでのかかわりのなかで得た本人の価値観や生活歴の情報から本人の意思を推定するということは、おそらく心ある現場ではいままでもされてきているに違いありません。

「すまいるほーむ」でも、意思疎通がむずかしくなった利用者さんに対して、言語的なコミュニケーションができる段階で行ったその人の経験や想いについての聞き書きや、本人の行動や表情から、本人が何を望んでいるのか、みんなで話し合って支援してきました。けれど、日常生活の具体的な場面について、本人が何を望んでいるのか（例えば、コーヒーとお茶のどちらを飲みたいか等）を行動や表情から読み取ったり、推測したりすることはできても、これからの生活の場はどこ

がいいのか、自宅がいいのかそれとも施設がいいのか、といった重大な決断が必要になる局面において本人の意思を読み取ることはなかなかできません。また、いままでのかかわりから、本人の意思を推測したところで、それが本当に本人が望んでいることなのかどうかを確信することはできず、葛藤を抱えたまま、支援をしていくしかないのが現実です。

2 4年半一人暮らしを続けたレビー小体型認知症の文子さんの場合

1 言葉を失っていく文子さん

文子さん（レビー小体型認知症、享年81歳）についても、私たちは葛藤しながら支援を続けました。そして、文子さんが亡くなったいまでも、その支援のあり方は本当に文子さんにとってよかったのか、文子さんが望んだものだったのか、と自問自答をし続けています。

文子さんが「すまいるほーむ」を利用するようになったのは、2013年の12月でした。その3年前にくも膜下出血を起こし、手術を行いましたが、術後に高次脳機能障害の症状が表れ、記憶がしにくくなったり、調理の手順がわからなくなってしまい、要支援1の認定を受けて、訪問介護による家事支援を受けて生活をしていました。

ところが、同居するご主人が肝臓がんの末期で入院したころから、幻視が見えるようになったり、ご主人のお見舞いに行ったときに病院内で迷ってしまったりと、さらに生活面で支障が出てくることが多くなってきました。精神科を受診するとレビー小体型認知症だと診断され、要介護認定の変更申請を行い、要介護1と認定されました。そこで、ご主人が亡くなった後、一人暮らしとなった文子さんの生活を心配したケアマネジャーの村松さんが、日中の見守りの場所として、「すまいるほーむ」に文子さんを連れてきてくれたのでした。村松さんは、ご主人のケアマネジャーもしていて、文子さんとは数年来の付き合いがあったこともあり、文子さんは不安を抱えながらも、村松さんを信頼して、「すまいるほーむ」に通うことを決めてくれたのです。

文子さんはとてもチャーミングな女性でした。「すまいるほーむ」に来るときには、スカートをはき、ネックレスや指輪等のアクセサリーで身を飾り、きれいにお化粧もしていました。冗談が好きで、よく利用者さんたちやスタッフたちを笑わせてくれたものです。

また、文子さんは読書家で、自宅の書棚にはたくさんの小説本があり、利用してからしばらくして、「もう読まないから」と言って、「すまいるほーむ」に何冊もの文庫本を持ってきて寄贈してくれました。また、若いころには、市内の映画館で働いていたとのことで、聞けば、映画館で働こうと思ったのは、映画が見放題だったからだそうです。文子さんは相当な映画好きの女性でもあったのです。

読書家で映画好きだったこともあってか、文子さんは、私がいままで出会った利用者さんたちのなかでも、とりわけ言葉を大切にする人でした。話をしていると、時折、文学的な表現を使うことがあって、私はよくハッとさせられたものです。だから、お風呂の中や送迎車の中などで文子さんとする会話はとても楽しみでした。

そんな文子さんでしたが、「すまいるほーむ」の利用を始めてから半年くらい経ったあたりから、言いたいことを言葉にするのが少しずつむずかしくなってきました。それでも、私やスタッフに自分の想いを伝えようと、一生懸命に言葉を探してくれます。時間をかけて言葉を見つけたときには、本当にうれしそうでした。けれど、言葉をとても大切にしてきた文子さんにとって、言葉がなかなか出てこないという事態は、とてもつらいものだったようです。首のあたりを指差しながら、「ここまで（言葉が）来ているのだけど、出てこないの」と言って、涙ぐむこともありました。

2 退院後も一人暮らしを続ける

利用開始から1年半が経ったあたりからは、電気ポットや電子レンジ、エアコンのリモコンなど、電化製品を使うのがむずかしくなってきました。電気ポットの中にコーヒーを入れて温めて吹きこぼれてしまったり、電子レンジでパンを温めて真っ黒に焦がしてしまったり、エアコンは真夏だというのに暖房のスイッチを入れてしまったりということがくり返されるようになったのです。

ガスはすでに、2週間に1回様子を見に来てくれる隣接市に住む弟さん夫婦が止めてくれていましたが、電気ポットや電子レンジの誤使用による火傷や火事が心配になったので、文子さんと相談し、ホームヘルパーやデイサービスのスタッフと一緒に使い、そのほかはコンセントを抜いておくことにしました。また、エアコンについては、熱中症が心配だったので、デイサービスでリモコンを預かり、スタッフが送迎時に温度設定してくることにしました。

それから1年ほど経ったころには、言葉による意思疎通がかなりむずかしくなってきました。本人が言葉で表現するのがむずかしいばかりでなく、こちらの言葉を理解してもらうことも容易ではありませんでした。送迎車の乗り降りや歯磨き、入浴時の着替えなどの日常生活の動作も、なかなか行為にはつながらず、多くの場面で介助が必要となっていました。また、夜間ひとりでいるときに、幻視や妄想があるようで、朝お迎えに行くと、たんすやテーブル、いすなどの家具が移動していたり、たんすの引き出しの中の衣類が床に散乱していることがたびたびありました。本人も混乱して、部屋の中を歩き回っていることもありました。

そんなときは、お迎えに行ったスタッフが、文子さんの話を聞いたり、身体をさすったりすることで、文子さんは気持ちを落ち着かせてくれました。そして、スタッフは文子さんと部屋の片づけをしてから、文子さんをデイサービスまで連れてくることが日常になっていきました。

そんな文子さんの在宅生活が脅かされる出来事が２０１６年の9月に起こりました。胆嚢炎のため、隣町の総合病院に入院したのです。入院中は点滴の抜去を防ぐという理由で手足を縛られ、手にはミトンも被せられて、尿道にはカテーテルが入れられてしまいました。お見舞いに行くと、拘束された文子さんは私たちのことは認識してくれたものの、目はうつろでぼんやりとしていて独り言をくり返すような状態でした。身体拘束を強いられた入院生活はどんなに文子さんの心身にダメージを与えたでしょう。

言葉での意思疎通がむずかしかったり、日常生活の動作にも介助が必要となり、時々混乱することもあった文子さんですが、表情はとても豊かでしたし、ふいにポロっと口にするユニークな言葉で利用者さんたちや私たちを笑わせてくれるチャーミングさは相変わらずでした。そんな文子さんが入院した途端に、全く別人のようになってしまったことに私たちはとてもショックを受けました。唯一の親族である弟さん夫婦もショックを受け、ベッドに横たわり独り言をくり返す文子さんの様子から、もう自宅での一人暮らしは無理なのではないかと心配されました。医師からも施設入所を促されたのです。

それでも、ケアマネジャーの村松さんも私たちも、入院前の様子からして、まだまだ在宅生活を続ける力が文子さんにはあるのではないだろうか、という希望をもっていました。何よりも、いまの状態で施設に入所したら、そのまま寝たきりになってしまうのではないか、と私たちは恐れていたのです。弟さん夫婦も心配は払拭できないものの、村松さんや私たちの判断に委ねたい、と言ってくれました。文子さん本人がどうしたいのかの意思の確認をすることはできませんでしたが、このまま施設に入ることを望んでいるとも思えず、村松さんが中心となって在宅生活へ復帰する準備を進めることになりました。

文子さんは退院後、２週間の医療系ショートステイでの滞在を経て、10月末には自宅へと戻ってきました。歩行も安定し、尿道カテーテルも取れ、自分で排尿ができるようになっていました。食事については、はじめは介助が必要でしたが、時間を経るごとに、自分で食べることができるようになりました。言葉による意思疎通はやはりむずかしい状態でしたが、嚙み合わないながらも言葉を発してくれることも多くなり、入院前の状態に戻ってきたように思えました。

在宅復帰後、要介護４と認定され、週６日「すまいるほーむ」を利用し、「すまいるほーむ」が休みの日曜日は、ケアマネジャーの村松さんがホームヘルパーとして服薬介助と排泄介助のために朝、夕の2回、自宅を訪問するという支援体制の下で、文子さんの在宅生活は続いていったのでした。

3 在宅生活の危機

退院後の回復ぶりから、私たちは、やはり文子さんにはまだまだ在宅生活を送る力があったのだという確信をもったのですが、それから半年ほど経った2017年の春ごろからは、自宅でひとりで夕食を食べることがむずかしくなっていきました。

それまでは、帰りの送迎の際にコンビニエンスストアへ寄り、文子さんに選んでもらって夕食のお弁当を購入し、自宅に着いてから、スタッフが電子レンジでお弁当を温めて、一緒にこたつに座って話をしながら、文子さんがお弁当を食べ始めるのを見守り、帰ってくるという形で、食事をうながしていました。ところが、文子さんはそのころから食への興味をなくしたようで、コンビニでお弁当を選んでくれることがなくなっていきました。そして、いままでのように話をしながら食事をうながしても、翌日お迎えに行ったときには、ほとんど箸をつけていないままお弁当が残っていることが増えていったのです。

ただ、朝食も昼食も週6日は「すまいるほーむ」で食べていました。みんなで一緒に食事をする場にいることで食欲と食への関心がうながされるようで、自分で食べることもできましたし、食べるという行為に結びつかないときには、スタッフの介助によりほぼ全量を食べていたので、自宅で食べられないということについては、私たちも村松さんもそれほど深刻には考えていませんでした。

在宅生活を継続することの危うさを私たちが感じ始めたのは、夜間に、トイレ以外の場所で排泄することが増えていったことでした。朝お迎えに行くと、台所の床や玄関の土間に排尿や排便をしてあることがたびたびあったのです。

なぜ、トイレではなく台所の床や玄関の土間に排泄をしてしまうのか、文子さんはその理由を語ってはくれません。私たちはみんなで話し合いました。若いスタッフから出されたのは、文子さんは自宅のトイレの場所がわからなくなってしまったのではないか、という意見でした。そのため、トイレを探し、迷って困った末に、トイレの近くである台所や玄関で排泄をしてしまうのではないか、というのです。そこでスタッフは、トイレの場所がわかるように、画用紙に大きくトイレと書き、目立つようにマスキングテープで縁を飾りました。それを、文子さんと一緒に、自宅のトイレのドアに貼り付け、「ここがトイレだよ。これを目印にしてね」と毎回、帰りの送迎時に文子さんとトイレの場所を確認したのでした。

それから文子さんは失敗することなく、トイレで排泄ができるようになりました。ただ、2か月ほど経ったころには、文子さんには「トイレ」という文字が書かれた画用紙は目に入らなくなってしまい、ほぼ毎日のように台所の床や土間に排泄がされるようになりました。そのため、朝お迎えに行ったスタッフは、まずは、文子さんをトイレへ連れていき、陰部洗浄や更衣をして、排泄物を片付けて、床や土間を掃除し、消毒をしてから、文子さんを「すまいるほーむ」へと連れてくることになりました。

また、しばらくすると、さらに問題が起こりました。台所のシンクの排水口にお弁当の残りを流して詰まらせたり、靴下を詰めてしまったりするようになったのです。それだけであるならスタッフが排水口の掃除をすれば済むのですが、きれい好きな文子さんは手や食器を洗おうとしたのか、水道を使って、そのまま水を出しっぱなしにしてしまい、シンクから溢れ出て、朝お迎えに行ったときには、台所が水浸しになっているということがあったのです。それには本人も困った様子で、オロオロとしていました。どうしたらいいかケアマネジャーの村松さんと検討し、とりあえず、排水口に目の粗い網をつけて詰まりにくくし、さらに水道の元栓をひねって水量を少なくしてシンクから溢れ出ることがないよう対応をしました。

4　葛藤し、話し合い、結論がでないまま

そのころから、スタッフのなかからは、もう在宅生活はむずかしいのではないか、という声も出始めました。何かできないことが出てきたり、問題が起きたら、それに対して一手一手支援を増やしていき、何とか無事に乗り切って、文子さんは在宅生活を続けてこられましたが、デイサービス

のスタッフにとっては、送迎時の負担があまりにも大きくなりすぎていたのです。それに、トイレで排泄ができなかったり、台所を水浸しにしてしまうことは、夜間ひとりでいる文子さんも不安なのではないか、という意見もありました。

ただ一方で、村松さんも、私たちスタッフも、まだ文子さんは在宅でがんばれるのではないかという思いも捨てきれませんでした。例えば、床で排泄をしてしまった後も、文子さんは何とか自分で対処しようとタオルや衣類で拭いた痕跡がありましたし、押し入れから出してきた布団を丸めて洗濯ばさみで留めて何かをしようとしていたこともありました。夜間は文子さんが唯一、ひとりで過ごし、自分の力で自由に活動できる貴重な時間であるようにも考えられました。それが、もし24時間体制の施設へと入所したら、確かに安全で安心ではあるかもしれませんが、文子さんのなかに残るそうしたひとりでがんばろうとする力を奪ってしまうことになるのではないか、とも思えたのです。

でも文子さん自身はどう思っているのか、その意思を確認することはもはやできません。弟さん夫婦も心配は募るばかりのようでしたが、普段かかわりあってきた村松さんと私たちを信頼し、結論は委ねると言ってくれたのでした。

村松さんと私たちは何度も話し合いをくり返しましたが、結論は出ないまま、半年近く在宅生活への支援が続きました。そして、2018年の5月に入ったころに、朝自宅へお迎えに行くと、文子さんは、床に座りこんでいて、急に介助なしには立ち上がれないようになっていました。両足は浮腫み、下腹部の痛みもありました。病院を受診しましたが、原因はわからず、血液検査で炎症反応がみられるということで抗生物質を投与され、しばらく様子をみることになりました。

しかし、数日経っても症状は改善されず、発熱もあり、意識レベルの低下がみられたため、再度病院を受診し、肝臓がんの疑いがあるとされました。ただ、精密検査を受けるのはむずかしい状態でしたし、がんであることがわかったとしても、年齢的にも、認知症の進行状態からも積極的な治療をするのは望ましくないのではないか、というのが医師の判断でした。弟さん夫婦も積極的治療は望みませんでした。そして、体調面から考えて、これ以上在宅での一人暮らしはむずかしいと判断した医師の指示により、その病院の系列の介護老人保健施設へと入所することになりました。

入所後、何度か村松さんとスタッフたちとでお見舞いに行きましたが、文子さんは、寝たきりの状態になっていました。みんなでベッドを囲み、身体をさすりながら「文子さん、みんなで会いに来たよ」と声をかけたときに、文子さんの目から涙がこぼれたのをいまでも覚えています。その涙は、みんなと会えたことを喜んだ嬉し涙なのか、それとも、寝たきりの状態になってしまったことへの絶望の涙なのか、家に帰りたい、みんなとともに過ごしたいけれどそうできないという悔し涙なのか。おそらく、文子さんのなかでそれまで抑えこまれてきた複雑な想いが込み上げてきて流れた涙だったのではないかと思います。

そして、入所から３か月後、２０１８年8月中旬、肝臓がんの進行により体調を悪化させ、文子さんは施設で息を引き取ったのでした。

3 「中動態」で考えてみる

1 改めて文子さんの意思だったのかと問うこと

文子さんについての分厚い記録を読み返しながら、約4年半の私たちのかかわりと、在宅生活の変化の経緯を以上のようにふり返ってみました。認知症が進行した後も、がんで体調を崩すまで文子さんが在宅での一人暮らしを続けられたことは、認知症と診断された人たちへの一つの希望にもなるのではないか、という思いが私たちにはあります。けれど、一方で、在宅生活への支援をここまで継続してきたことが本当に文子さんにとってよかったのかどうか、文子さんに無理を強いてしまったのではないかという迷いもやはり強く抱いてしまいます。ましてや、それが文子さんの意思を汲み取るものだったのかと問われれば、全く自信がないというのが正直なところです。

確かに、文子さんは、言語的なコミュニケーションができていたころに、こんなことを言ったことがあります。「私、何だか変になってきているみたいなの。もうどこかの施設みたいなところに行かなきゃいけないかな」と。いままでできていたことが少しずつできなくなっていくことに大きな不安と絶望を感じていたのだと思います。それで私は、文子さんに、どうしたいのかと尋ねました。すると、文子さんは「私はできればずっとここに居たいのよ」と涙ぐんで答えたのでした。「ここ」というのは、自宅ということでもあるし、「すまいるほーむ」ということでもあるように感じられました。

では、その「ずっとここに居たい」という言葉を文子さんの意思とみなし、がんで動けなくなるまで在宅生活を続けていく支援をしてきたことは、文子さんの意思に沿ったものだったのだと納得すべきなのでしょうか。それは何だか違うように私には思えます。文子さんが最後まで変わらずにそう思っていたかどうかはわからないですし、それに、文子さんがそう言っていたのだからよいのだ、とすること自体、この選択の責任をすべて文子さんに押しつけて責任逃れをし、それ以上悩むことも葛藤することもせずに、思考を停止してしまうように思えて、私はかえって心苦しくなってしまうのです。

では、在宅生活を継続させるための支援は、文子さんの意思を顧みることなく、支援するケアマネジャーや私たちスタッフのほうが本人のためだと勝手に思いこんで行ったパターナリズムにすぎず、文子さんはそれに抗うこともできずに全面的に受け身にならざるを得なかったのでしょうか。そう考えることも私は違うのではないかと考えています。なぜなら、それは、文子さんを、自分自身の生き方についての選択のプロセスに何もかかわれず、受け身でしかない「無能な人間」だとみなしてしまうことにほかならないからです。

2 自発的か？ 受け身的か？ という問いを超えて

そもそも、私たちが行ってきた文子さんの在宅生活継続への支援は、文子さんの自発的な意思を尊重したものだったのか、それとも、私たち支援者側が勝手に決めたことに文子さんは受け身的に従わざるを得なかったのか、という二者択一の問い自体が不毛なのかもしれません。

哲学者の國分功一郎さんは、意思／意志が問われるようになったのは、「する」か「される」かで考える、能動態と受動態を対立させる言語による思考方法になってからだと論じています。

私たちは、行為を表現する言語は「する」と「される」、すなわち能動態と受動態の二項対立の概念しかないと思いこんできました。「する」と「される」の能動態と受動態の対立では、「だれがそれをしたのか？」、つまりその行為の主体が常に示されます。例えば、「私は施設に入ることを決めた」といったら、「決める」という能動態的な行為の主体は「私」であり、「決める」という行為は「私」の「意思」によるものだとみなされます。もっといえば、「私」の「意思」で施設入所を選んだのだから、たとえ、そのために哀しい思いをしても、自分の「意思」で決めた「私」に「責任」があるといわれてしまいます。一方、「私は施設に入ることを決めさせられた」といったら、「決めさせられる」という受動態的な行為には、行為の主体である「私」の「意思」は反映されていないとみなされ、「責任」も追及されません。

けれど、國分さんは、何らかの行為や選択は、「過去にあったさまざまな、そして数えきれぬほどの要素の影響の総合として[1]」現れるのであって、純粋で自発的な意思／意志などない、といいます。

つまり、施設に入ることを「決める」という行為は、自分の健康状態とか家族関係とか、その施設に入った知り合いから「いいところだよ」と聞いたとか、その施設の環境や雰囲気だとか、その他意識していることも意識していないことも含めいろいろな要素に影響された結果であるといえます。その意味では何にも邪魔されない純粋な私だけの「意思」などではなく、むしろさまざまな要素に影響された結果という意味では受動態的ともいえます。また、施設に入ることを「決めさせられる」という行為についても、だれかの言動によって強制的にそう選択させられたのだとしても、結果的に「決める」という行為があったという意味では能動態的であるともいえるのです。

話が少しむずかしくなってしまいましたが、要するに、國分さんがいっているのは、「する」と「される」という能動態と受動態の二項対立では説明のできないことが、実はたくさんある、ということです。二項対立では本来説明できないはずの、さまざまな要素が複雑に影響し合った結果である行為や選択を、能動態と受動態の対立の思考の枠組みに押しこめて考えようとすることで矛盾が生じたり、「自己責任」という名のもとにその行為を行った人がバッシングを受けたりしている現代社会のあり様に対して、それでいいのかと問題提起をしているのです。

3 プロセスを想像する余白

では、能動態と受動態の二項対立を相対化できる思考方法とは何か。國分さんは、能動態と受動態が対立項として現れた以前にあったとされる、「中動態」という言語による思考のあり方に注目します。「中動態」は、行為を出来事として描写する言語です。出来事にかかわる行為の主体はその出来事の過程のなかにあると考えられ、したがって、そこでは、「意思」は問題とはならないといいます。

例えば、先ほどの例は、中動態的には、「施設に入ることが決まった」と表現することができます。この「決まる」という出来事には、「私」という主体は「決まる」プロセスのなかの一部にすぎず、それが「私」の「意思」であるかどうかは問われません。「私」の「意思」かどうかが問題にされないというのは、とても気が楽なことのように思えます。その代わりに浮かび上がってくるのは、「決まる」というプロセスにかかわる「私」も含めた複数の要素です。特定の主体が確定されない中動態的な表現には、「だれがしたのか?」が明示される能動態と受動態の対立的思考とは違って、どんな人たちや環境や状況、歴史がかかわりあって出来事に至ったのか、そのプロセスへと想像力を働かせることができる余白が残されているのです。

それでは、文子さんの在宅生活への支援を私たちがぎりぎりまで継続してきたことについて、中動態的な思考方法で考えたら、どのように理解することができるでしょうか。中動態的に表現すれば、「文子さんの在宅生活は認知症が進行してからもがんで動けなくなるまで続いた」と出来事として表すことができるでしょう。すると、そこには、文子さんの「意思」だったのかどうかという問い自体がなくなります（天国にいる文子さんも、「文子さんの意思だったの？」とずっと問われ続けるのはつらかったかもしれません）。

では、「在宅生活が続いた」という出来事のなかで、文子さんは幸せだったのでしょうか？　もちろん、それも確かなところはわかりません。けれど、私たちは、このように中動態的な表現をすることで、それまでとらわれていた「意思」をめぐる葛藤から解放されて、プロセスをふり返りながら、文子さんへと思いを馳せ、文子さんと対話をし、文子さんの想いを想像してみることがはじめてできるようになるのではないかと思うのです。

4 たくさんのつながりのなかで、ともにある

1 「支援」を超えた「つながり」と「歴史」

「4年半一人暮らしを続けたレビー小体型認知症の文子さんの場合」（239頁）でふり返ってきたように、在宅生活が続いていくプロセスには、文子さん自身の認知症の症状や健康状態にいくつもの変化がありました。それぞれの変化は、文子さんの「意思」によるものではもちろんなく、かといって常に受け身的でもなく、抗ったり、苦しんだり、悲しんだり、がんばったり、助けを求めたりしながら、文子さんという主体はその変化のプロセスのなかで生きていました。そして、ケアマネジャーの村松さんや私たちスタッフ、弟さん夫婦は、毎日のかかわりのなかで、そして、文子さんの変化の局面において、文子さんが少しでも心地よく、楽しい気持ちで、安心して過ごせるように試行錯誤をくり返して、支援を行ってきました。

私は「支援」という言葉を使ってきましたが、これは正しい表現ではないかもしれません。「支援」というと、やはり、「支援する」「支援される」の能動態と受動態の二項対立で理解されてしま

うからです。むしろ、文子さんの在宅生活の継続を支えていたのは、二項対立の「支援する」「支援される」を超えた、文子さんと村松さん、私たちスタッフ、弟さん夫婦とがそれぞれ紡いできた「つながり」と、それがゆらぎながらもまた結びついていく歴史ではなかったか、と思うのです。

2 気遣う存在があること

例えば、ケアマネジャーの村松さんと文子さんは、文子さんが「すまいるほーむ」を利用するようになる前からの長い付き合いでしたが、ある出来事をともに乗り越えることで、互いのつながりがより一層強くなっていったように思います。その出来事とは、文子さんの幻視が著しくなり、夜中に天井に穴が開いて人が覗いているのが見えたり、不気味な動物が見えたりするようになって、文子さん自身、「怪奇」が起こっているといって、とても恐怖を感じるようになったことです。

そうした幻視に対する対処として、村松さんが文子さんと相談して取った行動は、市内の神社でもらってきたお札《ふだ》を自宅の柱に貼って一緒に拝む、ということでした。お札を貼った後、幻視はなくならなかったものの、文子さんは恐怖を感じるよりも、迷惑でうっとうしいけれど、孤独を紛らわしてくれる存在として受け入れるようになっていったのでした。

そのことについて、村松さんがこんなことを言っていたのが印象的です。

「たとえ貼ってくれたのが誰かわからなくても、自分を気遣ってくれる存在があることを文子さんが認識できるための形としてお札があれば、毎晩独りで魑魅魍魎に対峙してきた文子さんにとって、少なからぬ慰めになるんじゃないかという意識もあったよね。そして、文子さんの様子を見に行った時に、何か見えたと怖がっていたら、お札に向かって一緒に拝もうよと言って、手を合わせる。それで、自分を気遣ってくれているという思いが文子さんに少しでも伝わって、心強さや優しさを感じてくれればいいと思う[2]」

それに対して、文子さんもお札について、こう言っていました。

「ここのところ私を見守ってくれていたの、村松さんが。お札は効きます。村松さんは外の人なのに（家族ではないのに）家のためにそうやってくれるからね。私も一生懸命お札に向かって拝んでいます。そうしたらやっぱり気持ちよくなったね。いつも胸のあたりがわさわさするような嫌な感じがしていたんだけど、それがなくなってね、なんかすっきりした感じ。お札を貼ってもらってよかった……[3]」

文子さんの抱く恐怖や苦しみを受けとめて、どうしたらいいのか一緒に考えて、お札を貼って、一緒に拝んでくれた村松さん。お札を介して、文子さんは、気遣ってくれる存在としていつも村松さんを身近に感じられるようになっていったのです。

言語的なコミュニケーションがむずかしくなってからもずっと、文子さんは、日曜日に村松さんがホームヘルパーとして自宅を訪れると、とても安心した表情をしていたそうです。村松さんとのつながりは、不安を抱えながら一人暮らしを続けていた文子さんの心を最後まで強く支えるものだったのではないでしょうか。

3　共有される時間と空間

私もまた、文子さんとともにつながりを紡ぐ時間を過ごしてきました。

私は、文子さんを自宅に送り届け、こたつに一緒に座り、コンビニエンスストアで買ったお弁当を食べるのを見守っている時間が大好きでした。文子さんはよく夕飯に焼肉丼を買って食べていました。おいしそうに焼肉丼をほおばりながら、文子さんは時々、幻視について語ってくれました。

「最近、またいるのよ、主人が。しかも、結婚して子どももいるの。まったく何を考えているんだかね。何やっているのよ、って言ったらさ、押し入れの中に入っちゃってさ。それでしょうがないから布団を出してやって、『あんたっち、これで寝れば？』って言ってやったの。だって、しょうがないでしょ。まったくね」

文子さんには、幻視が著しくなったころから、亡くなったご主人が見えていました。しかも、付き合っている女性を連れてきたり、その人と結婚したり、子どもができて文子さんの家に住みついたり、と同居人が増えていったのです。文子さんは腹を立てながらも、しょうがないとそれを受け入れています。そんな文子さんの様子が、私には何だか微笑ましく思えるとともに、そのドラマティックな語りに魅了され、いつもメモを取りながら聞き入っていたものです。文子さんも、私が熱心に聞くものだから、一生懸命、自宅で起きた出来事（幻視）について語ってくれました。

文子さんの語りがあまりに魅力的だったので、私は、「ふたりで一緒に小説を書こうよ」と何度か提案したことがあります。文子さんは、その度に、「面白そうだね！」と、焼肉丼を食べる箸を止めて、身を乗り出してきたのでした。そして、「本が売れたらどうする？」「高級な肉ですき焼きを食べよう」などと盛り上がったりしたのです。文子さんとふたりで語り合うワクワクするような対話の時間でした。

言語的なコミュニケーションがむずかしくなってからは、そのように幻視の語りを聞くことも、小説を一緒に書く話で盛り上がることもなくなりましたが、それでも、私は、文子さんとこたつに座って過ごす時間が相変わらず好きでした。夕食のお弁当を食べるように時々、うながしながら、文子さんと一緒にテレビの番組を眺め、一緒に笑い、顔を見合わせる。そこには、静かな時間が流れていました。「場をともにしている」ということだけで、私は文子さんを愛しく思えました。文子さんもまた、私とともにある、ということをよしとしてくれていたように思います。少なくとも、いやがったりはしていませんでした。

私が、「ともにいる」という能動態的表現ではなく、「ともにある」と中動態的に表現したのは、文子さんの「意思」や私自身の自発性とはかかわりなく、ただふたりで共有する時間と空間がふたりのつながりとその歴史のなかでできていったからです。

文子さんと村松さんとのつながりもまた同じです。ふたりのかかわりの歴史のなかで、村松さんは、いつも文子さんを気遣い、心を支える存在になり、最後まで「ともにあった」のです。

自宅のトイレのドアに「トイレ」と書いた画用紙を貼ったスタッフも、文子さんと一緒に部屋の片付けをしたスタッフも、そして、1週おきに必ず文子さんに会いに来て、食事を一緒にしていた弟さん夫婦も、それぞれが文子さんと紡ぐ時間のなかで、「ともにある」存在になっていったのではないかと思います。

私たちは、文子さんの在宅生活を支えるために、みんなで試行錯誤をしてきました。けれど、それは、「する」「される」という能動態と受動態の二項対立で理解されるような、私たちから文子さんへと向けられた一方的な行為ではなく、文子さんもそれをよしと受け入れ、自身の在宅生活をともに支えていたのだといえるのではないでしょうか。

たくさんのつながりのなかでともにあった文子さんは、幸せだったかどうかはわからないけれど、少なくとも孤独ではなかったのではないか、私にはそう思えます。

5 最後に

本稿に著してきた「文子さんの在宅生活が認知症が進行してからもがんで動けなくなるまで続いた」ことは、文子さんといくつものつながりをともにした私たちとが一緒に歩んだプロセスであり、物語でした。ただこう説明したからといって、認知症が進行し、意思疎通がむずかしくなった人が、終の棲家をどこにするのか、どういうケアを受けて、どう生きていくのか、その重大な選択に際して、多くの支援者が抱える葛藤に、何か明確な回答が示せたわけではありません。私たちもまた、これから同じような状況のなかで、迷い、葛藤をし続けるでしょう。

けれど、一つだけいえるのは、本稿を執筆するにあたって参考にした「中動態」という思考のあり方が、「意思」を問うことを必要命題とする、どこか冷たい感じのする「意思決定支援」にとらわれなくてもいいのだと、私たちの背中を押してくれているということです。

私たちができることは、私たちを含め、本人がどんなつながりをもってきたのか、そこにはどんな時間の流れがあったのか、どんな場がつくられていったのかをていねいにふり返り、想像することです。それこそが、本人と真に「対話」をすることなのではないでしょうか。選択は、本人とともにあるそのプロセスのなかでなされていくのです。

引用文献

1）國分功一郎『中動態の世界――意志と責任の考古学』123頁、医学書院、2017
2）六車由実『介護民俗学という希望――「すまいるほーむ」の物語』297―298頁、新潮社、2018
3）同右、298―299頁

参考文献

・尾藤誠司「『自分で決める』ことを支援する――その難しい営みに、支援者はどう関わることができるのか」『訪問看護と介護』第24巻第6号、2019
・國分功一郎『中動態の世界――意志と責任の考古学』医学書院、2017
・國分功一郎「中動態／意志／責任をめぐって」『精神看護』第22巻第1号、2019
・斎藤環『オープンダイアローグとは何か』医学書院、2015
・斎藤環「臨床で使える中動態――オープンダイアローグとの関連性をもとに」『精神看護』第22巻第1号、2019
・西川満則・長江弘子・横江由理子編『本人の意思を尊重する意思決定支援――事例で学ぶアドバンス・ケア・プランニング』南山堂、2016
・ヤーコ・セイックラ、トム・アーンキル著、斎藤環監訳『開かれた対話と未来――今この瞬間に他者を思いやる』医学書院、2019
・六車由実『介護民俗学という希望――「すまいるほーむ」の物語』新潮社、2018

終章

「認知症ケア」という前に考えたいこと
――人の〝間〟にある学びと実践

矢吹知之（やぶき・ともゆき）

1972年、長野県生まれ。東北福祉大学総合福祉学部准教授、認知症介護研究・研修仙台センター研修部長。専門は認知症の人の家族支援。仙台市にてオランダ式認知症カフェ「土曜の音楽カフェ♪」を主催。認知症の本人・家族と地域社会との摩擦をなくす活動に取り組んでいる。認知症当事者の相談窓口「おれんじドア」実行委員。日本認知症ケア学会理事。著書に『地域を変える　認知症カフェ企画・運営マニュアル――おさえておきたい原則と継続のポイント』（中央法規出版、2018年）などがある。

1

「認知症ケア」という前に

男ばかり三人兄弟の末っ子として生まれた私は、いつも兄の真似ばかりしていた。多くの三男がそうであるように、いつしか、一つ上の兄に負けたくないと思い始めた。その兄は、40歳のとき、事故で亡くなった。子どものころは、実直で厳格な父親の顔色をいつもうかがっていた。母親は、ほめることも叱ることもあまりせず、いつも穏やかだった。父親は、同居する祖父と折り合いが悪く、よく言い争いをしていた。私は、ふたりのそんな姿を見るのがいやだった。その祖父は、認知症になり、しばらくして入院し、数か月後に亡くなった。

だれにでも人生の物語があります。これは、どこにでもありそうだけれど、まちがいなく私自身のでこぼことした物語です。

認知症と診断されると、認知症の本人や家族は「認知症の人」あるいは「介護家族」と呼ばれ、ケアの対象としてフレームにきれいに収められたような見方をされることがあります。

私たち専門職には、「認知症ケア」という前に考えるべきことがあるのではないでしょうか。

2 家族からの学びと気づき

1 目の前の人の声に身をゆだねる

いまから二十数年前、現在の職場である東北福祉大学、認知症介護研究・研修仙台センターに赴任し、「認知症の人の家族支援」というテーマで研究にかかわり始めました。「家族介護者」というテーマに関心をもった背景には、目の前の人の声に耳を傾け、身をゆだねることの大切さを教えてくれた認知症の人の家族と先生方との出会いがありました。

赴任した当初、副センター長であった阿部芳久先生に「現場に行かなきゃだめだよ。ケアを知らなくちゃケアは語れないよね」と指導されたのです。30歳手前で、雑務をこなしつつ、「早く論文を書かなくては」という焦りを抱えていた私は「こんなに忙しいのになぜ、いま、現場に?」とどこか前向きになれませんでした。そんな気持ちを抱えたまま、グループホームで3か月ほど、ひとりの職員としてフィールドワークをする機会を得ました。グループホームの職員には「食器の洗い方も知らないの?」「自分で気づいて!」と、日々、厳しめの指導を受け、それが息苦しくてたまりませんでした。当時の私は、そこから何が学べるかよりも、早く研究室に戻って本を読みたいなどと考えていました。

同じ時期、当時のセンター長であった長嶋紀一先生と一緒に、メルボルンへ視察研修に行く機会がありました。研修先に向かう飛行機の中で、長嶋先生から「ご家族と一緒に考えて、新しい実践をして、そして研究にしなさい」と言われます。そのとき、具体的には何をしたらよいのかわからなかったのですが、「まずは、家族会に行き、話を聴こう」と行動に移すことを選びました。

家族会に参加した当初は、家族が涙を流す理由を理解することがむずかしかったというのが本音です。しかし、くり返し家族会を訪れていると、いつのころからか、同じように涙を流すわけではないけれど、心に刺さる感覚を得るようになりました。それは、その場で紡がれる数々の物語に耳を傾けているうちに、自然と目の前の家族と同化していくような感覚でした。

「以前はこんな人ではなかったのに。見ていられない」と、認知症になる前の夫の姿を追い求め続けて苦しむ妻、「母は認知症だから仕方ないんだよね。そう考えたら気が楽になった」と語っていたのに、2週間後には「やっぱりやりきれない。やっぱりだめだ」と言う息子など、家族会の存在が救いとなっている綱渡りのような生活を送る人々。どこか矛盾しているけれど印象的な家族に数多く出会うことで、理論的に解釈するだけでは明らかに足りないことがわかり始めます。この体験をくり返しているうちに、「家族支援」や「家族介護者」「介護家族」という枠組みを外し、ただ、その「語り」に耳を傾け、身をゆだねることで、理解が深まっていくことに気がつきました。

2 家族会で感じる「疎外感」

私は、家族支援には「教育」が有効だと思っていました。通常、教育内容を考えるときは、はじめに到達目標を明確にし、どのようにその目標に到達するのかというプロセスを決めていきます。このとき、「知識」「技術」そして「態度」を学びの要素に組み込むことが大切だといわれています。これらは、介護の専門職向けの研修プログラムを組み立てるうえでも同様です。これを家族介護者にも当てはめて考えていました。つまり、「技術」は介護経験から学び、「態度」は家族のこれまでの関係性で養われるものであるから、認知症の家族介護者への教育では、とても複雑な認知症の「知識」を整理して伝えることが必要なのではないかと考えたのです。いまふり返ると、「介護がうまくいかない家族は「知識」が不足している」という考え方は、大きな過ちであったのではないかと思います。

家族会では、いつも「疎外感」のようなものを感じていました。それは「きれいに整えられた知識」を並べる私に対する無言の抵抗だったのかもしれません。「きれいごとは聞きたくない」そんな想いを家族はもっていたのでしょう。「他人様にはわかりません」と、直接言われることもありました。これは、私に対してだけではなく、同じ場にいるほかの家族にも言っているようにも聞こえました。では、なぜ、相手には「わからない」ことを話すのだろう……。ここに集う家族は、

「他人だけれど、他人ではない」。そんな複雑な共同体への期待と想いがあるように感じられました。

3　あいまいな喪失

認知症の本人やその家族と接する際には、いつも覚書を「フィールドノート」に残すようにしています。その「フィールドノート」から多くの学びを得ています。例えば、夫の介護をする50歳代の女性の言葉からは、とても複雑な心境を垣間見ることができます。

「私も含めて介護者は、認知症になる前の大好きだった人が、病気により、別の人になってしまったような、確かに生きているのに死んでしまったような感じがしていて、そしていつしか病気となった当事者を失います」

この女性の心境はまさに「あいまいな喪失」に該当します。「あいまいな喪失」には二つのタイプがあります。一つは、「さよならのない別れ」で、大切な人を失っても昔のように心理的には存在している状態で、地震や津波などの災害で、突如家族を失い、心の置き場のない心理状態です。もう一つは、「別れのないさよなら」であり、身体は目の前に確かに存在しているにもかかわらず、心理的には以前のその人は存在していない状態で、この50歳代の妻の状態に該当します。こうした状況は周囲の人が理解するのはむずかしいものです。

その後、この女性は次のように加えます。

「正しいことを言われても励まされても、何の役にも立ちません。認知症の人だけでなく、介護者の心のことをもっとよく知ってもらいたいですよね」

家族が「あいまいな喪失」に対処するためには、その人だけが抱く感情や経験を語り、いま置かれている状況が「あいまいな喪失」であることに気づき、こうした感覚が存在することを自覚し、受け入れることが必要です。まわりの人も、その「あいまいさ」を解決しようとするのではなく、その状態があるということを受け止め、家族の語りに耳を傾けることこそ家族介護者自身の回復への近道なのだと気がつきました。大切なのは、悲しみを乗り越えようとすることではなく、ありのままを受け止めることです。私はそんなとき、次のように話をうながすようにしています。

「Lさん、認知症のお父様は、目の前にいるのに、まるで別の人になったように感じる瞬間はありませんか。または目の前にいるのに、心が見えないと感じることはありませんか」

すべての人に対して、このように話せばよいとは思いませんが、多くの人は、さまざまな想いを語ってくれます。通常、家族は喪失感と向き合い、いくつかのプロセスを経て前に進むきっかけを自らつかんでいきます。しかし、認知症の人を介護する家族は「あいまいさ」ゆえに、喪失が癒されるプロセスがないまま、日々を過ごさなければなりません。そこに、「きれいに整えられた知識」や膨大な情報を渡されても、受け止めきれず、「他人様にはわからない」という言葉になるのは当然でしょう。家族のでこぼこであいまいな感情を整えようとせず、そのふぞろいな言葉の一つひとつに耳を傾け、〝ただ聴くこと〟が自然に行われる場の必要性に気がつきました。

4　家族介護者が求める学びとは

家族同士の語り合いに耳を傾けていると、経験則的な色彩を帯びた、とてもシンプルな「標語のような言葉」があふれていることに気がつきます。例えば、「がんばらない介護をしてね」「すべて病気がなせる業なのよ」「開き直りが大切」「登りあれば、下りあり」などです。

このような標語的な言葉は、家族介護者の心を落ち着かせ、そして救いになっているようでした。「フィールドノート」には、次のような家族の言葉もあります。

「厳しい現実を乗り切った方なのに、明るく話す姿を見て、私も明るい先をみて主人と一緒に歩いていこうと思いました」

「自分だけではないことがわかり、最後までできるのではないかと感じました」
「つらさは、聞いてもらうことで半分になる」
「あなたが倒れたら、私たちも、旦那さんも苦しみますよ」

これらの言葉から、家族同士という共同体の相互作用によって心を取り戻し、もう一度、歩み出そうという力を得ていることがわかります。あいまいで複雑な日常のなかで営まれる介護を行う家族には、経験則に基づく言葉が求められ、そして心に響くのです。

これまで、あたりまえに行ってきた「家族のために」という意味の「家族支援」や「介護者への教育」は、当の家族には受け入れがたいものだったのです。つまり、家族介護者に必要なのは、「きれいに整えられた知識」や膨大な情報ではなく、その人に合った「適度なサイズの情報」であり、日々の生活のなかで、いつでも学ぶことができるリラックスした学びの環境が求められていることに気がつきました。

とはいえ、この時点ではまだ「認知症カフェ」というコンセプトには思い至りませんでした。

5 家族とともに学ぶ「介護者教室」

家族の会でのフィールドワークのテーマの一つに、「家族はなぜ虐待してしまうのだろうか」というものがありました。「高齢者虐待防止法（高齢者虐待の防止、高齢者の養護者に対する支援等に関する法律）」は、最悪の事態を防ぐために、とても重要なものですが、この法の施行後も家族による虐待の件数は増加を続けていて、事態は深刻化しています。それはなぜか……。未然に防止することはできないのか……。これは私の研究に課せられた大命題と考えていました。

家族を虐待へと向かわせる怒りの感情は、適切な知識を得ることで軽減できるのではないか。そして、それを介護職員とともに学ぶことで、支援がより重層的に、かつ広範に行き届くのではないかという思いから、家族と介護事業所の職員が認知症についてともに学ぶ場をつくろうと考えました。この研究に対して助成金を受けることができ、2005年から約3年間にわたりプログラムづくりと効果測定を行いました。

このプログラムは、「家族と施設職員の交流講座」という位置づけで、30分程度のミニ講話とグループワークを通してお互いの価値観を知り、学びの交流を図るというものでした。親しみやすいようにと「ケアケア交流講座」と名づけました。グループワークなどを通して家族と専門職がともに学ぶ形式にしたのは、「虐待をしてしまった家族の7割は、介護保険サービスを利用していた」ということ、そして「虐待者の半数以上は、被介護者と介護者のみという世帯であり、密室化したなかで虐待は生じやすい」という背景があったからです。つまり、「家族介護者は専門職とつながっているにもかかわらず、孤独感を抱いている」という状況を変えるために、専門職と家族との風通しをよくして、ともに介護を考えていく場をもつことが大切なのではないかと考えました。

6 家族支援の反省

専門職は忙しく、接する時間は限られていたため、通所サービス、訪問サービス、ケアマネジャーの訪問など、専門職と家族が接する時間の「質」を高めることを意識しました。たとえ短時間でも専門職が家族と接する際に、家族のわずかな「感情のゆらぎ」を感じ取り、家族の想いに添った言葉をかけることができれば、結果的に虐待を防止できるのではないかという仮説を立てたのです。この教育プログラムでは、参加者の効果測定を行いました。すると、プログラムに参加することで、介護負担感が軽減し、介護をしていてよかったと感じる「介護の肯定感」が向上することが明らかになったのです。そして、この効果は、全6回の講座すべてに参加した人に最も効果が表れるなど、継続的に参加することで強化されていくことがわかりました。

しかし、実際には「継続的に参加できる人が少ない」ということ、その理由として「介護が大変になって参加することがむずかしくなった」という人が複数いることもわかりました。さすがにこの結果には肩を落としました。教育的には、効果のある、よいプログラムであるかもしれないけれど、日常の介護生活の支えとしては、適しているとはいえないのではないかと考えさせられました。

3 認知症の人からの学びと気づき

1 見える景色は変わるのか

「認知症になっても見える景色は変わらない」。これは、2020年1月にNHKで放送された「認知症の第一人者が認知症になった」という番組のなかで紹介された言葉です。いい言葉だなと思いました。

後日、その番組を観ていたという、認知症の本人である70歳代の女性に、番組の感想を聞いてみました。すると「景色が変わらない、そんなの当然よ」と吐き捨てるように言いました。それを聞いたとき、「認知症になったら見える景色が変わるのかもしれない」と考えていた自分がいたことに気がつきました。「認知症になっても心は生きている」「認知症になっても人は変わらない」というのは、トム・キッドウッドが提唱する「パーソン・センタード・ケア」の根幹をなす理念の一つです。それを理解していたつもりでしたが、どこかで認知症の人に対して〝認知症らしさ〟を探していたのかもしれないと思いました。

2 「認知症らしさ」という呪縛

これまでに何度か、40歳代から50歳代の若年性認知症の人との出会いがありました。同時に、若年性認知症の人の症状の進行の速さに驚かされることもありました。当然すべての人ではありませんが、出会ったころは流暢に会話をしていた人が、数か月後には入院し、そのまま亡くなってしまうこともありました。

39歳で若年性認知症と診断された丹野智文さんとはじめて出会ったのは、2014年の秋でした。その2か月後、再び同じ会で丹野さんに会った私は、もう一度、名刺を差し出し、「矢吹です。よろしくお願いします」とあいさつをしました。すると丹野さんは「前にも会ったからわかっていますよ」と笑顔で答えました。そのとき私は、違和感のような恥ずかしさのような感覚を覚え、すぐに自責の念に駆られました。私の心のなかに、「認知症の人は常にはじめての感覚であって、〝いま〟を生きている」という思いこみがあったのです。

同じようなことは、その後、「認知症カフェ」や「おれんじドア」でも、くり返されました。月に1回そこに集まる数名の認知症と診断された人たちは、私の顔を見て「矢吹さん」とにこやかに手を振ります。何もわからないのではないということは、理解しているはずなのですが、どこか深く刷りこまれた「知識」が顔を出すのです。教科書に明確に書かれた「認知症になるとエピソード記憶から障害される」「認知症になると目の前の人がだれだかわからなくなる」「認知症の記憶障害と加齢によるもの忘れは違う」などの「知識」が現れて、思わず目の前の人と照らして、「認知症らしさ」を探してしまうのです。

先ほどの「景色が変わらない、そんなの当然よ」と言った女性は、いまは一人暮らしをしています。認知症と診断される少し前から家族関係がうまくいかなくなり、一人で暮らすことになりました。彼女は、先ほどの会話の後に、次のように加えました。

「私は、認知症と診断されてから人間が嫌いになった」
「私は、保身のためにひきこもった。家の中にいればとても幸せなのです」

認知症と診断されることで、「見える景色は変わらない」けれど、この女性の場合は、生き方が確かに変わっていました。人と接することや新たな親密な出会いをあきらめてしまったのです。自分は何も変わっていないけれど、周囲が変わってしまったのだと言いたかったのかもしれません。本人にとって「見える景色」ではなく、「周囲の見方」が変わっていくのです。

スティグマは、目には見えませんが、偏見や差別をもたらす負の烙印です。社会全体が認知症に対して抱く負のイメージは、認知症の本人にも自己スティグマをもたらします。周囲のスティグマは知らず知らずのうちに、人々の心に偏見をもたらし、差別という態度や言葉となって表出します。こうした目に見えないスティグマの悪循環を維持させ、醸成させているものの一つに、認知症にかかわる専門職や一般市民への「教育」があると思います。かつて、認知症の人に対して「何もわからなくなった人」というイメージをつくった教育は、認知症の本人の語りによって、いまは共感的理解を大切にしたものへと変わりつつあります。しかし、以前の認知症に対する「知識」を完全に消去することはむずかしく、ふとしたときに「認知症らしさ」を探してしまうのだと思います。

3 「認知症である私」という自覚

半年前に認知症と診断された60歳代の一級建築士の男性と、8年ほど前に認知症と診断された元公務員の70歳代の男性の会話です。

建築士の男性：「何もやりたいことがないんだ。何でもいい、だけどできれば建築をやっていたからそれをまたやってみたい」

元公務員の男性：「たぶんできるよ。いま人手不足だから」

建築士の男性：「そうかな。でもこの病気のことを知ってもらわないといけないね。病気であることを前提に雇ってもらえればいいが……」

私は、この会話を聞きながら、どこかで「つらいけれど、残念だけれど、もう仕事はできないだろう……」と思っていました。建築士の男性は、仕事で迷惑をかけることを苦にして自ら会社をやめました。とても無念だったと思います。この男性が「仕事をしたい」という想いは、単に建築士としての仕事という意味ではなく、役立っていることを実感したかったのかもしれません。または、やりがいや役割などを超えて、「自分はどこに属しているのか」ということを確認したかったのかもしれません。私たちは、認知症というカテゴリーのなかで、あるいはケアというカテゴリーのなかでその人とのかかわり方や可能性を推しはかっている可能性があります。認知症か認知症ではないかというものさしで。

助言した元公務員の男性は、別の機会にこう言いました。

「仕事をやめてみてわかった！　自分は認知症なんだ！」
「でも本当に認知症なのか、加齢の影響ではないのかと思うこともある」

この男性は、仕事を失うことで認知症である〝私〟を自覚し、それと同時に、これまでいわれてきた認知症という枠にしっかりはまらない、いわゆる認知症とは異なる〝私〟という宙ぶらりんないまの自分の状況に苦しんでいます。この苦しみを生じさせているのもまた、「認知症の人は何もわからない人」というスティグマです。認知症の症状と加齢の影響によるもの忘れには、明確な線引きはありません。その境界を明確にしようとすればするほど、「認知症の人は何もわからない人」というスティグマをさらに強化することになるのです。

4 認知症の教育に対する違和感と疑問

1 ネガティブなイメージをつくるもの

「認知症になると何もわからなくなる」というスティグマを解消するためには、教育はとても重要です。現在の教科書には、「認知症になると何もわからなくなります」とは、書かれていませんが、それを連想させる言葉や表現にはよく出会います。例えば、認知症について理解するための最初の説明では「加齢によるもの忘れ」と「認知症の記憶障害」の違いが次のように書かれています。

- 加齢によるもの忘れは、目の前の人の名前が出てこないことがある。一方で、認知症による記憶障害は目の前の人がだれなのかわからなくなる。
- 加齢によるもの忘れは、朝ご飯の献立を忘れてしまうことがある。一方で、認知症による記憶障害は朝ご飯を食べたことすら忘れてしまう。
・加齢によるもの忘れは、はじめての道に迷うことがある。一方で、認知症の記憶障害は自分の家がわからなくなる。

これらをエピソード記憶の障害、見当識の障害などといいます。確かに、症状が進行すればそのような人もいますが、認知症には必ず初期があるということ、認知症の進行は個人差が大きいこと、認知症の原因となる疾患によって、記憶障害の程度や表れ方、他の中核症状が異なることなどの説明がなされないまま、この情報を得たらどうなるでしょうか。とても恐ろしいことに、ほとんどの人は「認知症の人は目の前の人やご飯を食べたという出来事など、すべてを忘れてしまう病気だ」と思うに違いありません。仮に、後から「事実」が説明されたとしても、はじめに入力された知識を修正することは容易ではありません。

実際に、「加齢によるもの忘れと認知症の記憶障害」については、認知症を学ぶためのテキストや講義では、最初の段階で説明されるのです。さらに、正しい知識のない段階で、施設などに見学に行き、認知症が進行した人のみとかかわったり、その家族の苦労話を聞いたりすると、「認知症になると何もわからなくなる」という認識は、より強化されていきます。

ここでの大きな問題は、加齢の影響か、認知症かを明確に線引きしようとするところにあります。実際には、個人差があり、その境界はグラデーションのようであり、人生の同一線上にあるはずなのに、まるで別の人生が始まるかのように分けられてしまうところに、偏見をもたらす要因があるように思うのです。では、どのようにしてこれを払拭したらよいのでしょうか。真に、認知症に対する共感的理解を深めるためには、何が必要なのでしょうか。

2　VRでリアルなイメージをつくることができるのか？

VR（バーチャルリアリティ）というものが、手軽に体験できるようになりました。認知症の人が体験することを、HMD（ヘッドマウントディスプレイ）を装着して疑似体験するというものです。私は、2014年ごろ、イギリスのある会社が開発したアプリケーションを体験してみました。その映像は、「町角を曲がると目の前にいた人が突然消えてしまい、知らない人が親しげに話しかけてくる」という短いストーリーでした。

VRの教育プログラムは、以前から統合失調症の人の苦しみやその世界を理解するために用いられていました。効果検証もなされていて、その結果では、体験した人はその病に対する共感性や敬意は高まるものの、一方で恐怖感や社会的な距離感は広がっていくという気になる結果が報告されています。[1] 車いす体験やオムツ体験などでも同じようなことが起こる可能性があります。

「体験しないよりしたほうがよい」ということは、何となくわかるのですが、それを体験することで距離感が広がってしまうのでは身も蓋もありません。おそらく、ある場面を切り取り、体験するだけでは、その病に苦しむ人の「日常」や等身大の想いを理解することはむずかしいということなのでしょう。実際の問題に直面する当事者は、日常生活の文脈のなかで葛藤が生じており、その葛藤は、家族にも同様にあるということも抜け落ちてしまう可能性があります。また、VRやオムツ体験は、困りごとを切り取ったものであるにもかかわらず、認知症の人の「困っている体験」そのものが認知症であり、支援者とは、その困りごとを支援する者である、ということを強調してしまうのかもしれません。VRで体験したような感覚が、ややもすると自分のネガティブなイメージを強化させてしまう可能性があるとも考えられます。

3　ネガティブなイメージを変えるための教育

脳性麻痺の当事者である熊谷らは、VRやキャップハンディ体験のような「切り抜き型」教育の弱点である、悪いイメージの強化の軌道修正を図るために、新たな教育方法を検証しています。それは、VRを用いたシミュレーターと自閉症スペクトラムの本人の語り映像、研修参加者同士のふり返り座談会を組み合わせたワークショップです。この結果、その直後から自閉症スペクトラムへの不快感情は低下し、約6週間後の再調査でも維持されていることがわかりました。ただし、6週間後には「逃避行動（その人と遠ざかる）」は増加しているという研究結果を報告しています。[2]こうしたことからも、最初にインプットされた悪いイメージを変えていくということは容易ではないことがわかります。

日常生活は、実験室や閉ざされた定型的な空間とは異なります。日常は予想外で、あいまいで、複雑な出来事で成り立っています。その「あいまいで複雑な日常」のなかで生じる、認知症の人との出会いやかかわりは、たとえVRであったとしても再現は不可能なのです。「思いこみ」や「断片的な体験」によってイメージがつくられることから、限られた空間での学習は限られたイメージを増大させてしまう可能性が指摘されます。「教科書」というのは、最も限られた空間なのかもしれません。

同様に、「軽度で初期の認知症の人」だけとのかかわり、あるいは「重度の認知症の人」だけとのかかわりも、偏ったイメージをつくる可能性があります。偏りのない認知症のイメージをつくるためには、初期で在宅生活を送る軽度の認知症の人や施設に入所している認知症の人など、さまざまな人との継続的なかかわりのなかからイメージを育むことが大切です。

教育学者の渡部は、定型的な学びや情報に忠実であることによって、日常生活の実際場面で行動に移せなくなることを解消するために必要な学び方について「フレームで囲われた情報は完全なものではなくあくまでも「部分的なもの、一時的なもの」であるけれど、とりあえずそれだけの情報を処理して何とかうまくやってみることを試みる」[3]ことが大切であるとしています。

これはその場に応じて「適当に」ということではなく、予測できない「あいまいで複雑な日常」のなかで起こり得ることに対処し行動するためには、固定したフレームに縛られず「だいたいでよい」が、何度も試みる学びが必要であるということです。何度もその瞬間の出来事を入力し、失敗をくり返し、修正をすることが大切ということなのです。

これは、現在のＡＩの学習方法と同じです。大量のデータの事前入力では不測の事態に対応できません。そして症状が可変的である認知症という病には、目の前の情報は一時的であることを前提にして学ぶことが求められているのだと思います。

「あいまいで複雑な日常」のなかで生きる「ゆらぐ認知症」の人々、そして「あいまいな喪失感」のなかでさまよう家族。それぞれを無理に分類し、フレームにあてはめようとするのではなく、「ゆらぎ」と「あいまいさ」そのものを受け入れることこそ本来の共感的理解であり、共感的学びなのではないかと思うのです。

5

認知症を意識しない認知症へのまなざし

1 ＡＩで認知症ケアが解決するのか？

認知症の行動・心理症状（ＢＰＳＤ）の発生機序を明らかにするために、多数の事例を集めて、その対応の傾向から望ましい対応方法を導き出すというプロジェクトがあるそうです。データを蓄積して、将来的にはＡＩで対応の「答え」を導き出すのだそうです。しかし、そもそも、複雑な日常生活のなかで、線引きがむずかしく、個人差の大きい認知症の人への対応を科学的に分析することは可能なのでしょうか。

現代の情報社会では、パソコンやスマートフォン等の端末さえあれば、「答え」はすぐに見つかります。例えば、認知症の人の介護で困ったとき、その症状をキーワードで入力すると、すぐにたくさんの「答え」が見つかるでしょう。しかし、その検索結果で得た情報どおりに対応したり、コミュニケーションを取ったりすれば本当に問題は解決するのでしょうか？　なかには解決する事例もあるかもしれませんが、多くの場合は、得た情報を自分なりに、本人の性格や生活に照らしてアレンジしなければ解決しないでしょう。

では、本当に役立つ情報はどのようなものなのでしょうか。たくさんの情報をもちすぎていると身体が動かなくなることがあります。また、分析をしすぎるよりも自分の感覚に従ったほうがうまくいくことがあるのはなぜでしょうか。

将棋や囲碁、チェスの「人間VSコンピューター」の例で考えてみましょう。現在では、圧倒的にコンピューターのほうが強く、人間は勝つことができません。一方、同程度のコンピューターを搭載したロボットにサッカーのプログラムを入力しても、人間には勝てないそうです。人間は、ボールの軌道や球足の速度、その日の天候や相手の調子や癖を読み、瞬時に判断してプレーします。それに対しコンピューターは、囲碁や将棋のように決められたフレームのなかでは完璧な予測をし、無駄のない仕事をしますが、サッカーのように、芝の具合で変わる球足や不規則なボールの軌道など、予測不能な環境下では、さまざまなリスクを予測し過ぎて、判断が遅れる、ないしはその無数の選択肢を前に全く動けなくなってしまうのです。これを「フレーム問題」といいます(4)。

認知症介護でも同じことがいえます。施設と在宅での認知症ケアを比較することはむずかしいですが、施設には複数の職員がいて、ある程度、環境や機器が整っているのに対し、在宅では、主に特定の家族がひとりで、日常生活のなかで介護をしています。そして、在宅介護が営まれる日常は孤独であり、より複雑です。その意味では、在宅介護は、施設等での介護に比べ、より高度であり、体力や忍耐力が必要です。おそらく、パソコンで検索し、多くの情報を得れば得るほど、どうしたらよいかわからなくなるでしょうし、得られた答えをそのまま実践してもすぐに立ち行かなくなってしまう可能性があります。

2 あいまいで予測不能な認知症ケアの学び方

駅から60歳代と思われる一組の夫婦が「おれんじドア」の会場に向かってきました。夫が認知症であるようです。その男性はうつむき加減で、どこか不安そうな表情で妻のすぐ後ろを歩いてきます。

帰りの様子を見ると、夫は妻の前を歩き「さあ、電車が来るぞ！　急げ！」と、妻を先導するように活き活きとした表情で帰っていきました。

右記は認知症当事者の相談窓口である「おれんじドア」で出会った認知症の男性のエピソードです。この空欄には、どのような出来事が入るでしょうか。ここに入る出来事やエピソードを考えることこそ「主体的に学ぶ」ことなのかもしれません。おそらく、これまでのその人の経験やイメージする対象によって「回答」は異なるでしょう。教科書では、すぐに「答え」を示してしまうため、答えに至る「間」が抜けてしまいます。さらに、インターネットでは、疑問に思ったことをキーワードで入力すれば、瞬時にたくさんの「答え」が表示されます。人は、自分の常識やこれまでに得た知識に近い回答を選ぶ傾向があるため、結果として、検索した人が従来もっていた認知症に対する負のイメージがさらに強化されるおそれがあるのです。

本来、この「間」にこそ「あいまいさ」や「ゆらぎ」から生じる複雑で多様なかかわり方を満たすものがあるはずです。

「間」の実際は次のようなものでした。

その日の「おれんじドア」で、男性は同じ認知症の仲間と出会います。同じ世代の人もいました。認知症を理由に一度退職したが、再就職した人、定年退職後に認知症になったが、地域の人に向けて講演活動をしている人などの話を聞きます。そして、「おれんじドア」の仲間は、日常生活のなかでさまざまな失敗をしますが、それぞれの工夫で補いながら皆、将来の希望ややりたいことを抱いて暮らしていることを知るのです。こうしたほうがよいとはだれも言いません。男性も黙って聞いています。わずか1時間でしたが、そうしたやり取りのなかで、その男性は自分のいまの状況を顧みるのです。

これは、「答え」ではありません。このエピソードを最初に示していたら、きっとこれが「正解」

になり、「これは特別な事例」と聞き流すか、あるいはこれとは別の考え方は導き出せなくなっていたと思います。予測できないことに対応する力をつけるには、この「間」にどのような想いや葛藤があったのかをその人の文脈で考えることが大切です。

3 認知症を意識しない場をつくる

過去には、認知症の人の理解しがたい行動を「問題行動」といったり、「周辺症状」とひとくくりにしたりしてきました。名称は変わりましたが、いまでも、認知症の人の中核症状からくる「ＢＰＳＤ」というフレームでとらえようとしています。「取り繕い反応」と表現することも、取り繕っていることがまるで悪いことのように聞こえます。本当はわかっているのかもしれないことにも蓋をし、または単純化し「なかったこと」にしてしまっているようにも感じます。

「虐待防止」や「介護ストレスの軽減」という考え方の枠組みも本質を隠してしまう危険性があります。「虐待をするのは男性が多い」「知識が不足しているから虐待をする」など、性別や知識の量というカテゴリーを軸にした議論は、スティグマを醸成し、差別や偏見をもたらす結果につながりかねません。大切なことは「集団」を意識せず、個人であるその人をみて、自分自身の言葉で語ることです。カテゴリーでひとくくりにせず、その人の文脈でとらえようとする試みを続けること、つまり個と集団の線引きをなくすことは、偏見を取り除くための第一歩になるのではないかと考えます。

「認知症カフェ」に来ている男性から「ここにいると病気を、認知症を意識しなくていいからいいよね」と言われたことがあります。もしかすると、認知症の人は「認知症の人らしくふるまう」必要があったのではないでしょうか。そうすることで、周囲や家族、専門職が納得し、関係性が保たれていたのであれば、それは決して正常な関係ではありません。認知症の人が気を遣っていて、それがうまくいかなくなったときに、周囲が機嫌を損ね、認知症の人と衝突していたとも考えられます。それが結果的に「ＢＰＳＤ」とされてしまったのかもしれません。認知症の人は、その衝突を避けるために話をしなくなっている可能性もあります。認知症の人が認知症であることを意識しなくてもよい環境は、落ち着ける雰囲気があり、できるか、できないかを試されるのではなく、またはできないことを指摘されるのでもなく、その人自身をみてくれる環境なのです。

「認知症カフェ」の存在をはじめて知ったとき、これまで悶々と考えつづけてきたさまざまな課題について、解決の糸口が見えたと感じました。「認知症カフェ」は、「認知症だけを意識しない環境をつくることができる場」になり得るのではないかという大きな期待を抱いたのです。

6 「認知症カフェ」という可能性

1 「認知症カフェ」との出会い

2005年に始めた「家族と施設職員の交流講座（ケアケア交流講座）」では、家族と施設職員の交流に基づく学びの効果は得られたものの、継続的な参加のむずかしさを実感しました。その後、多くの認知症の本人との出会いから、認知症の人は、家族を気遣い、周囲の認知症に対する偏見に苦しんでいることを知りました。ステレオタイプ化された認知症のイメージが地域社会に蔓延しているために、「認知症」と診断されることを恐れ、診断後の「空白の期間」をつくっているという悪循環に陥っていることもわかりました。

認知症の本人の声は、これまでの認知症ケアや常識と思われていた認知症の教育のあり方に警鐘を鳴らしています。専門家が認知症ケアの高度化を促進することは、認知症の本人や家族介護者を置き去りにしてしまい、ついてくることのできない人が「劣っている人」とみなされるような構造をつくってしまうおそれがあります。

その解決策に悩んでいた2011年ごろに知ったのが「アルツハイマーカフェ」であり、2012年の「オレンジプラン」で日本に紹介された「認知症カフェ」でした。「認知症カフェ」は、認知症の本人も対象であることが特徴の一つです。このことは、講座を継続する過程で介護が大変になり、本人を置いて参加することができなくなるという「ケアケア交流講座」の弱点を補うこともできました。それだけではなく、認知症の人、家族、地域住民そして専門職が同じ立場で、「支える」「支えられる」という関係を超え「水平な関係」で情報交換を行うという内容は、とても画期的で新鮮でした。認知症という病を治療し、BPSDを取り除こうとするのではなく、認知症があることを前提として、地域も含めたその周囲で生じるさまざまな摩擦を取り除くことを大切にした取り組みだと感じたのです。

本来、研究者や教育者にとって、個人差や個別性は例外としてみていたほうが、都合がよいでしょう。個別性に目を向けることは、限られた時間と環境のなかで階層的に行われる「定型的な教育」にはなじみがよくありません。研究においても、信頼性と妥当性、再現性を大切にするために、個人差や個別性、あいまいさや、ゆらぎは排除したいものです。

こうして進められたあいまいさの排除、ゆらぎの単純化、整えられた情報、認知症という症状の理解やBPSDへの対応方法、虐待の背景の単純化、認知症の教育の高度化と効率化など……。私の「認知症カフェ」への期待と関心は、これらに対する後悔と反省に基づくものでした。ピアサポートで勇気づけられた認知症の人や家族のがんばりだけで成り立つ地域は、とてももろく儚いものです。だからこそあいまいで複雑な日常のなかでの新たな学び方、「認知症か、加齢によるもの忘れか」という比較を超えたかかわり方、「ケアする」「される」という二項対立ではない関係性づくりなど、認知症に対する偏見のない地域に変えるアプローチが必要だと思っていたのです。

2 「アルツハイマーカフェ」との出会い

2014年の春、私は何のつてもなく、オランダに向かいました。「認知症カフェ」に対して抱いていた期待は、国内のいくつかの「認知症カフェ」を訪問するにつれて、疑問に変わっていきました。その方法や考え方がそれぞれに異なっていたため、見学を重ねれば重ねるほど、どのように整理したらよいかわからなくなり、迷いが深まっていきました。

そのときに出会ったのが、「認知症カフェ」のルーツとなるオランダのアルツハイマーカフェの概念の創始者、ベレ・ミーセン氏です。彼が、アルツハイマーカフェのコンセプトを見出した背景を記した次のような言葉があります。

「認知症の人は、自分一人で自分自身と戦っている。周囲が〝その人が自身の認知症に関してどこまで知らされているか、または何を知っているか〟を理解していなければ、その人のこれからの人生の歩みを奪ってしまうことになる。認知症の人を真に理解したいのであれば、その人がその状況や現実、認知症とどう向き合っているのかを、その人自身と語り合い理解しなければならない[4]」

老年心理を専門とするミーセン氏は、認知症の人の心理検査をするなかで感じた苦悩と後悔をきっかけに、アルツハイマーカフェを考案しました。彼は、認知症の本人と家族が周囲にこれまでの苦しみを語ることができず、それがトラウマになっていると感じました。だからこそ自らの苦しみを語り、その対処方法を学ぶ場が必要であると考えたのです。

アルツハイマーカフェの独自性は、同じ境遇の者同士が語り合うだけではなく、周囲の専門職や地域の人々も、水平で対等な関係で、その想いや心模様について、共感的に理解するための場所であるということです。これまでの閉ざされた集まりでは、この苦しみを分かち合い、理解することはできないとミーセン氏は考えたのです。そこで、できるだけリラックスできて、敷居が低く、語り合ったり、情報交換ができる場を表す言葉として、「カフェ」が最適だと考えました。つまり、本人や家族が直面している心情を整理し、いま置かれている状況に適応していくためには、本人の変化だけを求めるのではなく、その人が暮らす地域の人々も理解し、変わっていくことが必要だということなのです。その場こそが「アルツハイマーカフェ」であり「認知症カフェ」なのです。国や時期は異なりますが、その考え方に私は深く共感し、彼の想いを追体験したような感覚を覚えました。

そして、２０１５年10月、仙台にてオランダのアルツハイマーカフェと全く同じスタイルで行われる「土曜の音楽カフェ♪」を始めました。チャレンジしたかったことは「地域を変えること」。

認知症のイメージをゆっくり、緩やかに、浸みこむように変えていく、これまでにない集まりをつくることでした。そのためには、「認知症カフェ」は、奇をてらう必要はなく、また「何でもあり」ではない、地域性はありつつも、めざすべき方向を同じくすること、そして、とにかく継続できるようにすることを考えました。継続することによって、地域になじみ、地域を変えていくことにつながります。それは、認知症の人、家族、地域の人の混乱をできるだけ少なくするということでもあります。

「認知症カフェ」は、認知症の教育がもたらした偏見への反省と葛藤と混乱から生まれたものです。だからこそ「あり方」を大切に、「やり方」は地域に合わせることが大切なのです。

3 手段としての「認知症カフェ」

「オランダのアルツハイマーカフェと日本の認知症カフェは違う」「文化も歴史も違う」という声を聞くことがあります。その議論で気になるのは、「認知症カフェ」は開催することが目的ではないということです。認知症の人と家族の苦しみや認知症に対するスティグマは、国によって異なる問題ではありません。「アルツハイマーカフェ」と「認知症カフェ」に共通していることは、その根源であり本質にあります。何を達成しようとしているのかということなのです。

いずれも、認知症の診断によるさまざまな喪失や望まない枠組みをなくし、認知症と診断されてからも人は変わらないという認識を地域全体で育む手段として大切な役割をもっているのです。だからこそ、ここでレクリエーションや運動をすることが目的ではありません。また、「認知症カフェ」には、さまざまな人が自由に出入りできる「公開性」が求められます。

ここでは認知症に関する「やわらかく」「ゆるやかな」学びが、継続的に、地域のなかで何度もくり返し行われることが特徴でもあります。「統制された環境」ではなく、「身近な場所」で「親しみやすい空間」「リラックスした環境」のなかで行われる「認知症カフェ」という時間は、複雑であいまいな日常のなかで営まれる在宅での介護の学びに、とても相性がよいものだと思います。

「認知症カフェ」というリラックスした場所で〝いまは〟認知症ではない人が、認知症の本人や家族と出会うことに意味があります。加齢の影響か認知症の記憶障害かという枠組みを外すことは容易ではありませんが、長い期間、その地域に継続して「認知症カフェ」があることによって、交流にもとづく「やわらかな学び」の機会は、教えこみ型ではなく、浸みこみ型の学びの場となっていきます。

4　認知症カフェは何をめざしているのか

「認知症カフェ」という場にいると、「認知症とは何か」を問いかけられているような感覚を覚えることがあります。「認知症と加齢による影響との違い」という線引き、ＢＰＳＤへの対応という

図9-1　認知症カフェは何をめざしているのか？

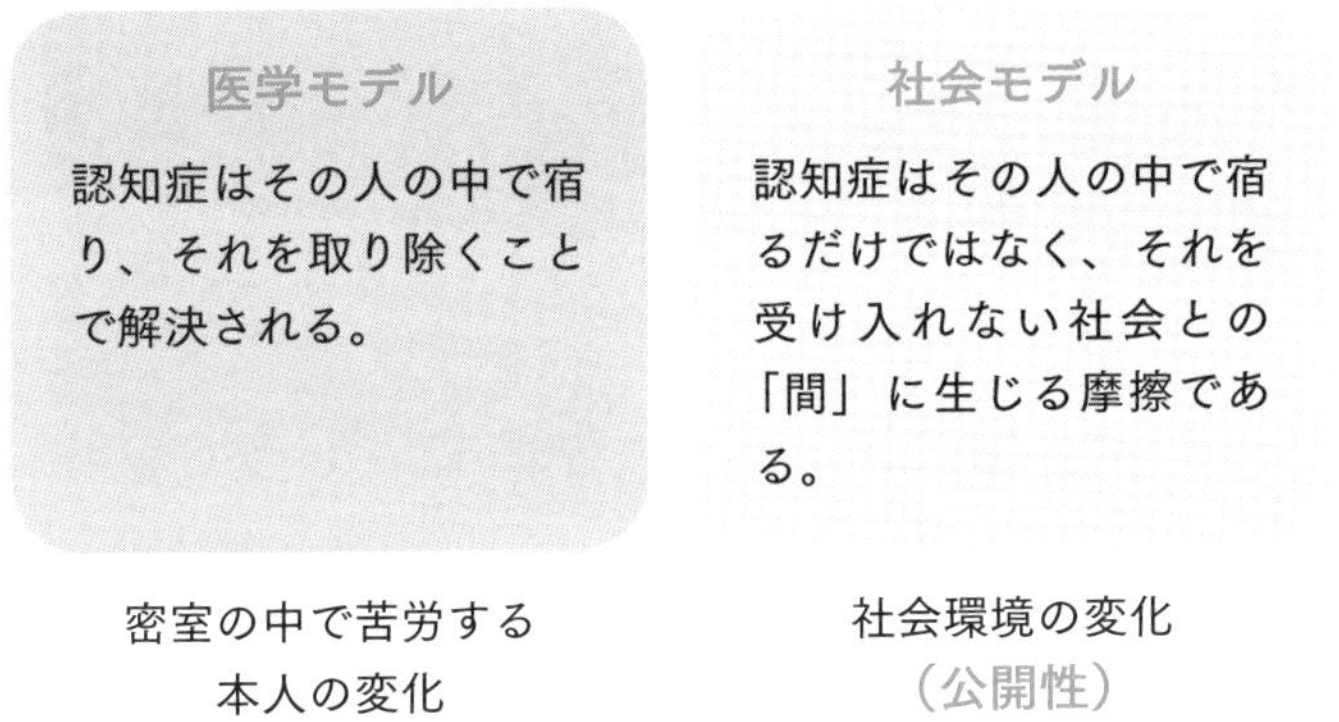
医学モデル
認知症はその人の中で宿り、それを取り除くことで解決される。
密室の中で苦労する本人の変化
社会モデル
認知症はその人の中で宿るだけではなく、それを受け入れない社会との「間」に生じる摩擦である。
社会環境の変化（公開性）

表現、人を測定すること、虐待防止や家族支援という言葉は、いずれも専門職が決めた枠組みでしかありません。これまでは、問題に新しい名前を付けて論じたり、理論や制度や都合のよいワードに当てはめることが専門性の高いケアであると刷りこまれてきたような気がします。

　例えば、認知症を受容することが支援のゴールのように専門職がとらえていれば、支援がうまくいかない場合「あの人は認知症を自覚していない、受け入れていない」として、「認知症と診断されたことを自覚し、受け入れた人のほうがよい」ということになってしまいます。また、認知症がもたらす困難を乗り越えている人が優れているととらえていれば、乗り越えられず、悩み続けている人は言葉をなくしてしまうでしょう。

　これは、「医学モデル」といわれ、本人の状況は何も変わらないのに受容することでその問題が取り除かれるようにも受け取ることができます（図9―1）。

　そうではなく、「認知症」とは、その人のなかにあることは確かですが、それを受け入れない、受け入れられないのはその人の問題ではないという考え方が重要です。これは「社会モデル」といわれ、社会や周囲とその人との「間」に生じる摩擦にこそ問題があるととらえ、その問題を軽減していくことこそ専門職の役割であるとする考え方です。そのための方法であり手段の一つが、「認知症カフェ」であるように思うのです。だからこそ、出入りがしやすく、アクセスが容易な場にあることが大切になります。だからこそ、新たな摩擦が生じる可能性がある、配慮のないレクリエーションや運動、脳力トレーニングはこの場では必要がないのです。

「認知症カフェ」で、認知症の夫と一緒に暮らしている妻から次のような相談を受けました。

夫は散歩が好きで、夕方になると散歩に出かけるのですが、その日に限ってなかなか帰宅しません。これまでは、迷子になることもなかったので心配しながら待っていると、警察官と一緒に帰ってきました。スーパーで万引きをしたとのことでした。警察官に「一緒にスーパーに行って、誓約書を書いてほしい」と言われ、言われるままにスーパーに行きました。何を書けばいいのかわからず戸惑っていると「もうこのスーパーには来ません」という誓約書を書くように言われました。手が震えて書くことができず、警察官が代筆をしました。どうやら夫は、68円の小さなまんじゅうを一つ盗ったようです。その間、夫はずっと下を向いていました。

帰り際、夫は大きく目を見開き、こう言いました。「このことは、絶対に子どもたちには言うな」と。

このエピソードからわかることは、本人は確かに認知症を自覚していますが、それは周囲に理解されていないということです。そして家族（妻）は、その苦しみをだれにも話すことができず、それを周囲に理解してもらうこともできないという事実です。認知症を受け入れられない社会と本人・家族との間に摩擦が生じ、その摩擦により認知症の本人と家族が苦しんでいるという事実があります。「認知症カフェ」は、このような摩擦を少しでも取り除くためにあるように思うのです。

「認知症カフェ」は、開催したり、継続したりすること自体が目的なのではありません。「認知症カフェ」は、認知症をだれのものでもなく、自分のものとしてとらえ、ありのままのその人と出会い、その人と周囲の間に生じた摩擦を取り除くための手段として存在するものです。

長い間の教えこみ型教育によって培われた認知症に対する偏った知識によって、そして単純化されたイメージによって、私たちの心のなかに刻まれたスティグマは、認知症に対する偏見を醸成してきたように思います。「認知症カフェ」というこれまでにはない方法で、認知症について前提のない学び、原則のない学びによって、浸みこみ型の学びを続けることは、その地域が、その人が、そして〝私自身〟が変わっていくことにつながると信じています。

認知症になる前の〝私〟が、現時点で。

引用文献

1）熊谷晋一郎『当事者研究――等身大の〈わたし〉の発見と回復』180―185頁、岩波書店、2020
2）同右、187―189頁
3）渡部信一『AIに負けない「教育」』86頁、大修館書店、2018
4）B. Miesen, *Dement: zo gek nog niet; kleine psychologie van dementie*, p.12, Bohn Stafleu van Loghum, 2009

参考文献

・ポーリン・ボス著、中島聡美・石井千賀子監訳『あいまいな喪失とトラウマからの回復――家族とコミュニティのレジリエンス』誠信書房、2015
・矢吹知之・加藤伸司・吉川悠貴ほか「介護家族と施設職員の相互参加型教育支援プログラムの開発とその適用」『認知症介護研究・研修仙台センター研究年報No.6』115―128頁、2006
・NHKスペシャル「認知症の第一人者が認知症になった」2020年1月11日初回放送
・渡部信一『超デジタル時代の「学び」――よいかげんな知の復権をめざして』新曜社、2012
・矢吹知之、ベレ・ミーセン『地域を変える　認知症カフェ企画・運営マニュアル――おさえておきたい原則と継続のポイント』中央法規出版、2018
・星加良司『障害とは何か――ディスアビリティの社会理論に向けて』生活書院、2007

著者一覧

編著者

矢吹知之（やぶき・ともゆき）
東北福祉大学総合福祉学部准教授／認知症介護研究・研修仙台センター研修部長
… はじめに、終章

丹野智文（たんの・ともふみ）
認知症当事者の相談窓口「おれんじドア」代表
… 第1章

石原哲郎（いしはら・てつろう）
脳と心の石原クリニック院長
… 第4章

著者（執筆順）

藤田和子（ふじた・かずこ）
一般社団法人日本認知症本人ワーキンググループ代表理事
… 第2章

大塚智丈（おおつか・ともたけ）
三豊・観音寺市医師会三豊市立西香川病院院長
… 第3章

鬼頭史樹（きとう・ふみき）
borderless -with dementia- メンバー、ソーシャルワーカー
… 第5章

猿渡進平（さるわたり・しんぺい）
医療法人静光園白川病院医療連携室室長
… 第6章

前田隆行（まえだ・たかゆき）
NPO町田市つながりの開「DAYS BLG！」代表
… 第7章

六車由実（むぐるま・ゆみ）
デイサービス「すまいるほーむ」管理者
… 第8章

謝辞

本書は、個性豊かな9人の執筆者の実践と思いを発信するというこれまでにない企画でした。刊行に深い理解を示してくださいました中央法規出版の荘村明彦社長、そしててていねいにていねいにそれぞれの思いを紡ぎ合わせてくれた編集者の須貝牧子さんに、心から感謝申し上げます。

認知症とともにあたりまえに生きていくことが、特別ではない社会になりますように。

著者一同

認知症とともにあたりまえに生きていく

支援する、されるという立場を超えた９人の実践

2021年6月20日　発行

編著者　矢吹知之・丹野智文・石原哲郎

著　者　藤田和子・大塚智丈・鬼頭史樹・猿渡進平・前田隆行・六車由実

発行者　荘村明彦

発行所　中央法規出版株式会社

〒110-0016　東京都台東区台東3-29-1　中央法規ビル

営　　業　TEL 03-3834-5817　FAX 03-3837-8037

取次・書店担当　TEL 03-3834-5815　FAX 03-3837-8035

https://www.chuohoki.co.jp/

装丁・本文デザイン　澤田かおり（トシキ・ファーブル）

イラスト　のだよしこ

印刷・製本　株式会社アルキャスト

定価はカバーに表示してあります。

ISBN978-4-8058-8333-4